# 누가복음 뒷조사

누가복음의 여성관이
한국교회에 던지는 질문

# 누가복음 뒷조사

Investigations on the Gospel of Luke

김영화 지음

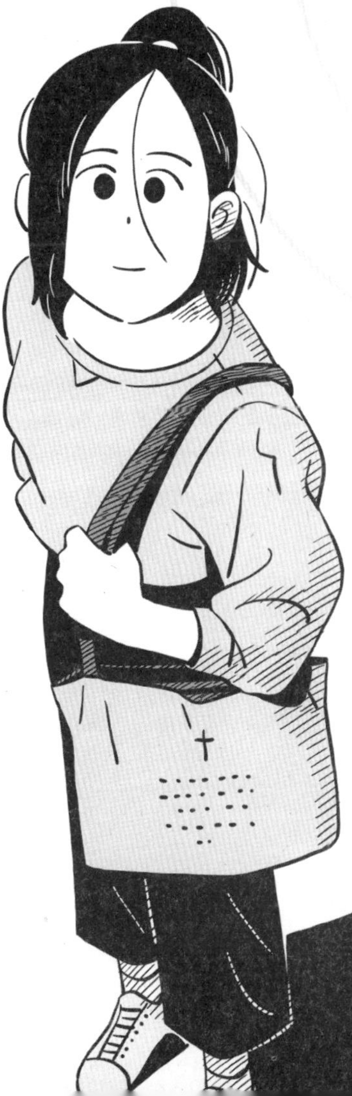

새물결플러스

# 차례

# 작가의 말

2016년 『마태복음 뒷조사』가 출간되고 꼭 두 해가 지났다. 사실 『마태복음 뒷조사』를 출간한 직후 밀려왔던 내 역량의 부족함과 믿음 없음 때문이라도 다시는 내 능력에 미치지 못하는 이런 뒷조사 따위는 작업하지 않으리라 다짐했건만, 이렇게 또다시 『누가복음 뒷조사』를 그렸다.

신학을 전공한 것도 아니고 일찍부터 신학 서적들과도 적당한 거리를 두고 살았던 내가 마태복음에 이어 누가복음까지 뒷조사(?)하리라고는, 나를 비롯한 그 누구도 생각할 수 없었던 일이다. 그럼에도 불구하고 뒷조사 시리즈를 이어가야겠다고 마음먹은 이유는 다름 아닌, 같은 해 출간된 『마가복음 뒷조사』와 『마태복음 뒷조사』를 생각보다 많은 분들이 읽어주시고 널리 퍼뜨려주신 까닭이다. 그랬다. 남녀노소를 불문하고 정말 많은 사람이 복음서 해석에 대한 깊은 갈증을 느끼고 있었다. 설사 그것이 만화라 할지라도.

하지만 죄송스럽게도 이번 『누가복음 뒷조사』는 깊은 신학적 지식을 얻고자 하는 분들에겐 조금 아쉬운 작품이 될 수도 있다. 왜냐하면 누가복음은 다른 복음서에 비해 찾을 수 있는 자료들이 턱없이 부족했고, 이미 다른 뒷조사 시리즈에 나온 내용도 많아서 이전과 같은 방법으로 만화를 그리기엔 조금 어려움이 있었다. 하지만 더 큰 이유는 '내가 느끼고 이해하는 걸 그리자'라는 생각 때문이었다. 많은 신학적 내용들은 그 양으로서는 만족스러울 수 있지만 만화를 그리는 입장에서는 그보다 더 괴로운 일도 없다. 작가의 이해가 부족한 만화라니….

그래서 나는 누가복음에서 눈에 띄는 몇 가지 주제만을 만화로 가져와 엮었다. '예루살렘'과 '여성', 그리고 '새 예루살렘.' 이 주제만으로도 나에게는 큰 숙제였지만 다행스럽게도 좋은 책들이 주변에 많았고, 누가복음의 새 예루살렘에 관한 임주형 목사님의 좋은 글과 김민석 작가의 도움도 있었다. 복음서 해석에 갈증을 느끼는 독자를 위해 만화를 그렸더니 오히려 신학적 내용을 덜어낸 격이 됐다. 조금 가벼워진 건 사실이지만 그래도 내가 잘 알고 이해할 수 있는 만화를 그리는 것이 중요했다.

뒷조사 시리즈가 계속 이어질 수 있을지 없을지는 미지수다. 성경을 공부하려는 의지와 열악한 환경에서도 만화를 그려가는 작가들을 격려해주는 손길이 있다면 또 모를 일이다. 하지만 그 무엇보다도 '당신의 뒷조사'가 절실히 필요하다. 읽는 것에서 그치지 않고 자신이 이해할 수 있는 선에서 성경을 뒷조사해보는 것, 그것이야말로 뒷조사 시리즈의 진짜 존재 이유니까. 마지막으로 마태복음에 이어 『누가복음 뒷조사』도 책으로 나올 수 있도록 도와주신 김요한 대표님께 지면을 통해 감사의 말을 전한다. 또한 수고해주신 새물결플러스의 직원분들께도 감사드린다.

오늘은 아침부터 저녁까지 쉼 없이 단비가 내렸다. 이 책을 읽는 분들에게도 단비와 같은 시원함이 있길 바란다.

2018. 6. 26

김영화

톡
톡

엄마!

엄마!
내 렌즈통
어딨어?

엄마아!!
성경전서
나 늦었어!
빨리!

엄마!
끼이

엄마?

Chapter

# 01

# 화요 낭독모임

저는 작은 책방을 운영하고 있습니다.
산책자
사람들은 저를 책방 사장님이나 책방 주인, 혹은 책방 형이라고 부릅니다.
밥값
주인이니, 사장이니 하니까 제법 성공한 인생 같다고요?
분명 오백 원짜리가 여기로 굴러갔는데...
지잉-
응?

후...
누구지?
1588-....
[Web]시민은행
출금 650,000원
잔액 9,800원
이야...
오늘 저녁은 컵라면에
삼각김밥이다...
네... 뭐 꽤 만족하면서
살고 있습니다.
식사 중
월세를 내고 편의점에서 컵라면과 삼각김밥을
사고도 5,400원이 남았는걸요.
산책자

아이
잘 먹었다...
지잉
지잉
여보세...
아들!!
손님
읎제?
어...
그라믄
언넝 문 닫고
집에 와서
엄마 좀
도와야.
나
바쁜...
됐고! 올라올 때
관리실에 맡겨놓은
짐 좀 들고 온나!!
싸게싸게 온나!!
윽!
뚜— 뚜—
뚜—
쒸...
나도 엄연한
사장인데...
제 이름은 김사인, 올해로 서른입니다.
아
맞다!!
동네에서 작은 책방을 운영하고 있습니다.
내
오백 원...

제가 책방을 하게 된 건
특별한 계기가 있기 때문은
아닙니다.
책방
새책/헌책
책 주문
가능
대학에서 신문방송학을 전공했고,
출판사에 취업하면서 자연스럽게
책과 가까워지게 됐습니다.
탁
탁
탁
탁
물론 편집부에서 3년도 못 채우고
도망치듯 퇴직했지만...
사직서
이래 봬도 저는 한때
문학청년이었습니다.
무신론적
실존주의라...
교정에서 학우들과 카뮈와 사르트르의 대립에는
어떤 사회적 문제가 있었는지 따위를 역설했으며,
학생!!
빨리 안
내려와!!
올라가지
마시오

쿤데라에 빠져 조금씩 모은 알바비로
혼자 프라하 여행을 다녀온
적도 있습니다.
2
국제선탑승
다녀온 뒤 엄마한테 뒤지게 맞은 건
안비밀...
퍽!
해외여행 다녀오면서
선물 하나를 안 사와?
퍽!
네... 지금은 이렇게 사람 없는 서점을 지키고
있지만요.
그래도 작년 말 처음 책방을 열 때는
월세도 못 내 부모님께 손을 벌리는 처지였는데
방앗간
지금은 그래도 월세는 감당할 수
있게 됐네요. 간신히...
방앗간

산책자

하…
마미한테
생활비 좀 달라고
해야겠다…
안녕하세요.
아,
네, 네!
너희는 위로부터
능력으로 입혀질
때까지 이 성에
머물라 하시니라
눅 24:49
안녕하세…
요…

오,
오셨어요?

전에 부탁드린 박연준 시집 입고됐나요?
아, 아 그 시집요!
저 선반에 보시면...
아,
있다.
속눈썹이 지르는 비명
박연준 시집
그런데 저번보다 시집이 많아졌네요?

그,
그래요?
원래 시집은
마, 많았는데...?
뻥입니다. 사실 저는 시를 결코
좋아하지 않습니다.
재미가 없고 무슨 소린지
1도 알아먹을 수가 없거든요.
하지만 저희 서점에는
시집이 참 많습니다.
저번엔
별로
없었던 것
같은데...
시집
시집
시집
계산해
주세요.
속눈썹이 지르는
비명
네.
잠시만요.
저는 시나
산문을 소리 내서
읽을 때 그렇게
좋더라고요.
어디서
주워들은
이야기인데...
단어와
문장들이
입 속을
나와
이미지가 되는
것 같은 기분이
든달까?
바로 그 맛에
시 읽는 거
아니겠습니까?
캬...
예...

여기
있습니다.
산책자
그러면,
낭독모임을
하나
만드시던가요.
안녕히
계세요.
아, 아… 조심히
들어가세요.
와우… 그것 참…
기막힌 아이디어입니다.

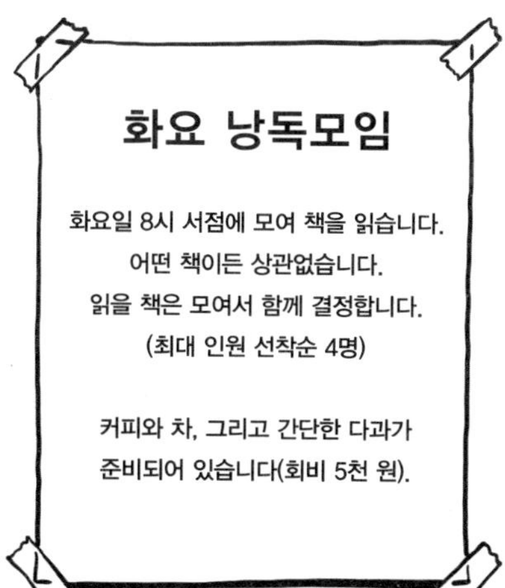
화요 낭독모임
화요일 8시 서점에 모여 책을 읽습니다.
어떤 책이든 상관없습니다.
읽을 책은 모여서 함께 결정합니다.
(최대 인원 선착순 4명)
커피와 차, 그리고 간단한 다과가
준비되어 있습니다(회비 5천 원).

캬...
좋고...
......
퉤
짝!
악!
어, 엄마...
아 따가워...
시방 이것이 뭐다냐?
아... 이거... 작은 이벤트?
화요 낭독모임
휴...

또, 또 알맹이
읎는 짓 하고
있구마...
그 뭐시냐
베스트셀라나
목사님들 책이나
좀 팔랑게...
그런 책은
큰 서점 가면
있잖아...
우리 엄마, 장영애
여사는 권사님입니다.
너 요즘
기도는 허냐?
저도 신앙심이 깊었을
때가 있었더랬죠...
주님...
대학만
붙여
주시면...
주님...
출판사에
취직만
되면...
오...
주여...
출판사를
폭파시킬 수
있다면...
지금은 주일에 팟캐스트로
설교를 듣는 것이 제 신앙
생활의 전부이지만요...

불
편
기도오...?
언제 마지막으로 했더라...
당.연.히.
하.지.
휴...
도저히 잠이 오지 않습니다.
왜냐하면 그 여자 손님은 낭독모임에
관심조차 없을 것 같기 때문입니다.
괜한 짓을 했다는 생각이 듭니다.

저기요...
저기요...
지기...
저기요!
휘
휘
네...
낭독모임 말인데요.
네?
낭독모임이요. 밖에 붙여 놓으신.
아, 아!!
네, 네, 넵. 낙동모임요??
선착순이라고 하던데...
낙동이 아니라 낭독...
사람 꽉 찼나요?

선착순
이요?
내가
그딴 말을
썼던가?
아, 아...
잠시만요...
주섬
주섬
음...
한 자리
남았네요.
그러면 저도
참석하고
싶은데요.
그럼...
여기에
성함 좀...
......
......
......
수경...

성수경.
화요 낭독모임에는 저를 포함 네 명의 사람이 모였습니다.
김현수라고 합니다.
스물아홉이고 회사원입니다. 추리소설을 좋아 합니다.
성수경 이에요.
스물일곱이고 지금은 일을 잠시 쉬고 있어요.
시와 산문을 좋아해요.

누가입니다.
네? 누구요?
누가요
누가.
나이는 먹을 만큼
먹었고 현재는
놀고 있습니다.
어떤 종류의 책이든
다 사랑하지만, 특히
고전을 좋아합니다.
수상해...

Chapter

# 02

# 내 책방에 누가 있다

꽤 괜찮은 낭독회였습니다.
저희가 읽기로 결정한 책은 버지니아 울프의 『자기만의 방』.
자기만의 방
다들 좋아하는 책이 달랐기 때문에 그냥 순서를 정해 한 사람이 결정하기로 한 것이죠.
첫 순서는 홍일점인 수경 씨였고,
이 책은 그녀가 골랐습니다.
낭독이 시작되자 잔잔한 음악과 함께 서로의 목소리가 리듬을 타기 시작했습니다.
BOSS

곧 그 리듬은 멜로디로 변하여
하나의 화음을 만드는 것 같았죠.
크으... 완벽한 낭독회였습니다.
역시 시작하길
잘했어...
똑똑―
응?
끼이...
여―

아, 뭐 두고
가셨어요?
그게
아니라...
앞에 보니까
여기서 중고책
매입도 하는 것
같던데...
맞나?
아...
그렇긴 한데...
책 파시게요?
지금 주머니
사정이...
이거 보면
까암짝 놀랄걸?
바로 호메로스의
『오디세이아』
파피루스
사본이네.
이
파피루스로
말할 것
같으면,
내가 80년에
그리스의 한
상인에게 직접
구입한 것이지.

오... 모형
치고는 꽤
정교하네요.
게다가 1980년이면
40년 가까이
됐네...
뭐, 뭣!?
40년??
하!
이 사본은
이—천 년
가까이 된
파피루스
라고!
에이...
구라...
구, 구라
라니...
이 파피루스 사본은
지금으로부터 약 일천
구백 삼십칠 년 전,
그러니까 내가 그리스
아가야에서...
누가복음을
집필할 당시에
직접 산 거라네.
내가 바로
그 책의 저자
누가이고.

아...
그 누가...
낭독모임 때부터 수상하다고 생각은 했습니다만... 어째서 구린 예감은 항상 빗나가는 법이 없을까요...
정리하자면, 내 앞에 있는 이 대머리 아저씨가 누가복음을 쓴 장본인이며,
무려 이천 년 가까이 된 호메로스의 『오디세이아』 파피루스 사본을 제게 중고로 팔려고 합니다
그렇다면 내가 이 아저씨께 드릴 수 있는 말은...
응,
안 사요.
자,
잠깐만!
뻥도 정도껏이지...
그, 그러면
내가 제안을
하나 하지!
밥값
자네...!

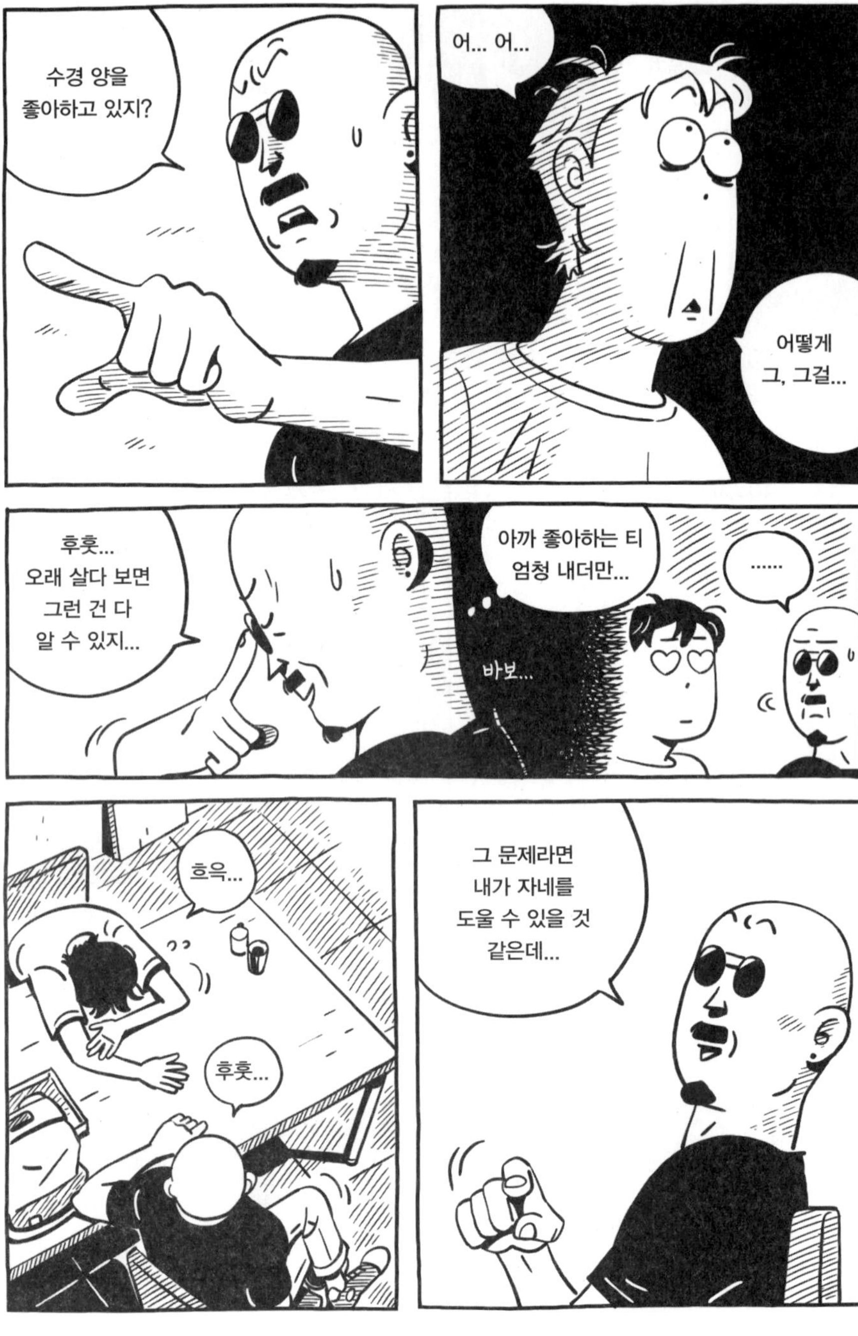
수경 양을
좋아하고 있지?
어... 어...
어떻게
그, 그걸...
후훗...
오래 살다 보면
그런 건 다
알 수 있지...
아까 좋아하는 티
엄청 내더만...
바보...
......
흐윽...
후훗...
그 문제라면
내가 자네를
도울 수 있을 것
같은데...

어떻게...?
자네 혹시 교회는 다니나?
뜨끔
어... 음... 예...
팟캐스트 처치라고 아실랑가...
그렇다면 수경 양 가방에 새겨진 말씀이 누가복음의 한 구절이라는 것도 알겠구만?
아... 그 가방...
너희는 위로부터 능력으로 입혀질 때까지 이 성에 머물라 하시니라 눅 24:49
수경 씨는 항상 그 가방만 들고 다니기 때문에 그 구절은 누구보다 잘 알고 있습니다.
한번은 그 구절을 찾아서 읽어보기도 했지만
무슨 뜻인지는 전혀 몰랐습니다.

그런데 그 구절이 왜요?
그냥 개인적으로 좋아하는 말씀 이겠죠...
내 말은 그 말씀을 통해서 자연스러운 대화를 이끌어보는 게 어떻겠냐는 거지.
신앙에 대한 이야기를 하다 보면 자연스럽게 정도 오가지 않겠는가.
마침 또 그 말씀이 누가복음의 구절이니 자네만 관심 있다면 이 누가가 직접 설명해 주겠네.
어떤가, 내 제안이?
흠...
수경과 가까워질 수만 있다면 뭐든 하겠지만, 과연 이 아저씨를 믿어도 될까요?
......
그리고 이 아저씨는 왜 저와 수경 씨를 연결해주려는 걸까요...?

근데 아저씨...
진짜 누가복음에 대해서 알긴 알아요?
조오아쓰...
그러면, 거두절미하고,
너희는 위로부터 능력으로 입혀질 때까지 이 성에 머물라 하시니라 눅 24:49
여기서 성이 의미하는 게 뭔지 알겠나?
듣겠다고 하지도 않았는데...
성이면 예루살렘 성이겠죠 뭐...
올ㅋ
사실 내가 복음서를 쓰면서 가장 강조하고 싶었던 부분이 바로,
누굴 바보로 아시나...

이 예루살렘 성
이거든.
하... 또, 또
지가 썼대...
뭐라는지
들어나 보자...
예루살렘 성을
왜요?
그걸 이해하기
위해서는
먼저
누가복음에
기록된
예수님의
동선에 대해
알아야 하네.
동선?
예수님이
이동하신 경로
말씀하시는
건가요?
그렇지.
나는 예수님의
이동 경로를
시간 순서에 따라
치밀하게
기록했다네.[1]

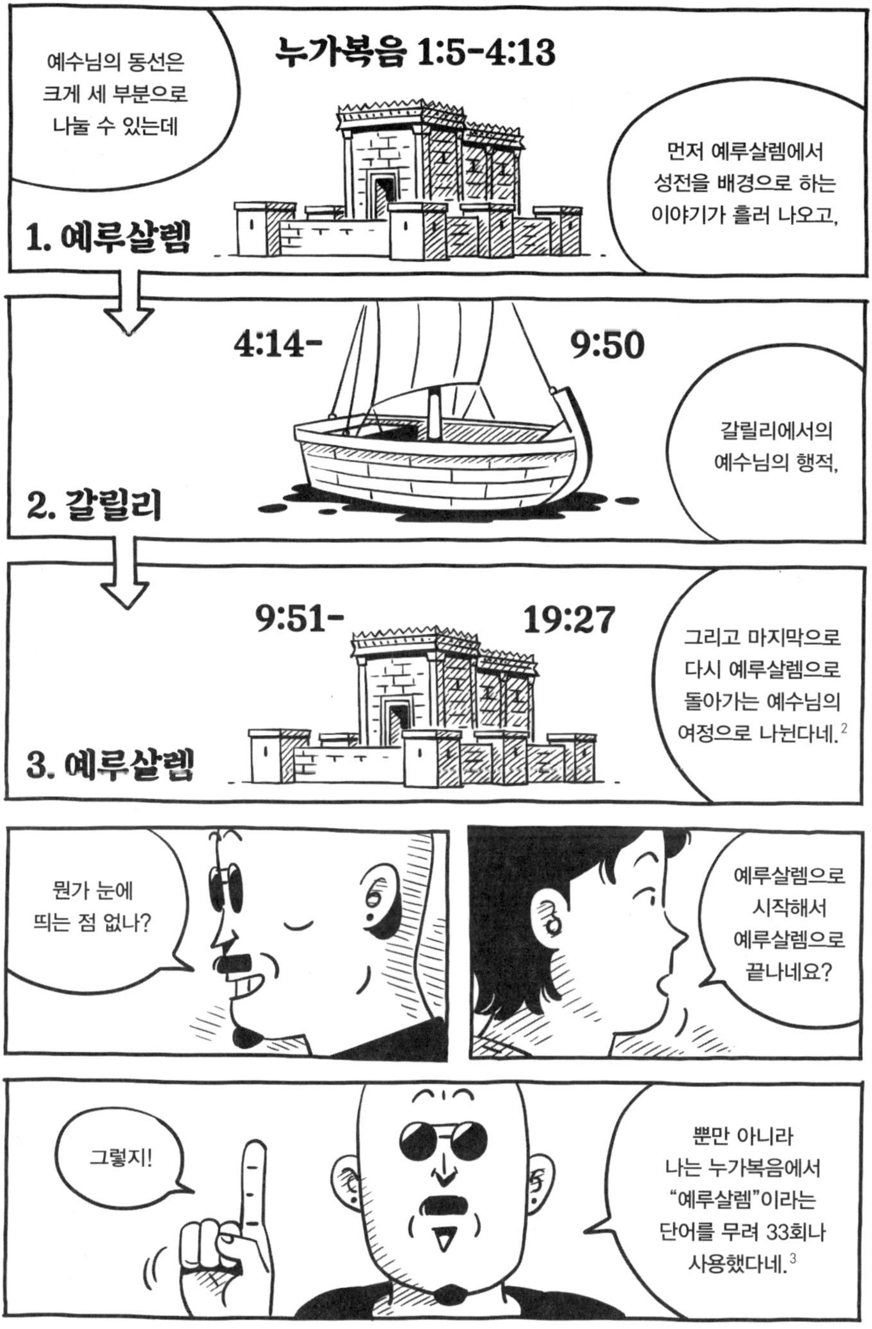

예수님의 동선은 크게 세 부분으로 나눌 수 있는데
누가복음 1:5-4:13
1. 예루살렘
먼저 예루살렘에서 성전을 배경으로 하는 이야기가 흘러 나오고,
4:14-
9:50
2. 갈릴리
갈릴리에서의 예수님의 행적,
9:51-
19:27
3. 예루살렘
그리고 마지막으로 다시 예루살렘으로 돌아가는 예수님의 여정으로 나뉜다네.[2]
뭔가 눈에 띄는 점 없나?
예루살렘으로 시작해서 예루살렘으로 끝나네요?
그렇지!
뿐만 아니라 나는 누가복음에서 "예루살렘"이라는 단어를 무려 33회나 사용했다네.[3]

이 횟수는 마태와 마가, 그리고 요한복음에서 나온 횟수를 합한 것만큼 많지.[4]
36회
마가
마태
요한
33회
누가
그렇게 비교하니까 정말 많은 횟수네요.
누가복음의 저자가 그만큼 의도적으로 강조했다는 거군요.
그렇지. 내.가.의.도.적으로.
또, 또…
왜 그렇게 강조한 건데요?
그건 바로,
예루살렘이 교회의 시작이기 때문이라네.
자네 사도행전도 이 누가가 썼다는 것쯤은 알지?
네? 네.
사도행전 1장 8절을 보면 왜 예루살렘이 교회의 시작인지 알 수 있지.

오직 성령이 너희에게 임하시면
너희가 권능을 받고 예루살렘과
온 유대와 사마리아와 땅 끝까지
이르러 내 증인이 되리라 행 1:8
아…
이 말씀…
성령의 능력을 통해 다른 곳이 아닌 예루살렘으로부터 열방으로 예수님의 삶이 전파되고,
그 삶대로 사는 것.
그게 바로 교회 아닌가.
그리고 수경 양 가방에 새겨진 말씀은 오직 누가복음에만 기록돼 있다네.
너희는 위로부 능력으로 입혀질 때까지 이 성에 머물라 하시니라 눅 24:49
잠깐만요. 제자들에게 예루살렘 성에 남아 있으라고 하신 예수님의 말씀이
다른 복음서에는 없다는 말씀인가요?
그렇다네.
그건 나만의 특수자료지.

특수자료요?
특수자료란 각 복음서만이 가지고 있는 자료를 말하지.
나같은 경우에는,
마가복음에 수록된 내용(M) 중 약 29%를 참고했고,
13%는 마태복음과 공유하는 가르침(Q)을 사용했지.
M
Q
L
29%
13%
43%
그리고 약 43%가 나만의 특수자료인 셈이라네.5
나머지 15%는 또 다른 자료들을 참고했고...
각 복음서만의 특수자료라...
하긴... 만약 다 똑같은 내용이라면 복음서가 네 권씩이나 필요하지 않았겠군요.
그렇고 말고.
어쨌든 나는 예수님 여정의 종착지가 예루살렘이며,

예수님이 제자들에게 예루살렘에 머물면서 성령의 능력을 기다리라는 말씀을 끝으로 승천하셨고,
그들이 큰 기쁨으로 예루살렘에 돌아가 늘 성전에서 하나님을 찬송하니라
눅 24:52-53
제자들은 예수님의 말씀에 순종하여 예루살렘으로 돌아가 성령의 능력을 기다렸다는 장면에 집중했다네.
그런 뒤에 사도행전에서 제자들이 성령의 능력을 입어 예수님의 증인이 됐고,
사도행전
복음서
예루살렘
교회의 시초가 된 게지.
뿅
사도행전
복음서
예루살렘
이제 좀 이해가 되나?
음... 글쎄요...
그럼~ 그럼~ 아직 갈 길이 멀~지이.
저자가 직접 들려주는 경우가 어디 흔한가, 이 사람아.
허
허
허
허
작작 좀 하시지...

그런데 수경 씨는 왜 그 구절이 새겨진 가방만 메고 다닐까요?
성령의 능력을 구하면서 뭔가를 기다리고 있는 중일까요?
음…
그건 나도 궁금했네.
사람들에게 그다지 익숙한 구절은 아니니까.
그건 자네가 직접 물어보면 될 일이 아닌가?
ㅎㅎ
아…
으흥…!
휙
저렇게 단순해서야…
자, 그러면 앞으로 누가복음에 대해서 배우게 됐으니
나도 뭐 하나만 부탁해도 될까…?
뿅
응, 안 사요.
아니, 아니, 그게 아니고…
휘휘
나 이 책방에서 알바를 하고 싶네!

# 주

1. Richard A. Burridge, 『복음서와 만나다』(비아 역간), 188.

2. 같은 책, 190–191.

3. 같은 글.

4. 같은 글.

5. 같은 책, 189.

Chapter

# 03

## 여자 목사 오정희

MEOW

여, 여기서...
알바를 하고 싶다고요...?
말도 안 되지. 이런 코딱지만 한 책방에서 알바를? 이 아저씨... 생활이 많이 어려운 걸까요?
하지만 당연히 안 된다고 말했습니다.
저는 사람이 그 정도로 시무룩한 표정을 낼 수 있다는 사실을 그때 처음 알았습니다.
조, 조심히 가세요...
시무룩
하지만 저도 지금은 남의 사정을 봐줄 만한 처지가 아닙니다.
......
제 걱정과는 달리 돌아오는 낭독모임에서 아저씨는 밝은 모습이었습니다.
......
자네 혹시 『오디세이아』에 관심 있나?
예?
지난주에 너무 단호박으로 거절한 것 같아서 조금 미안했는데...
지금 그런 게 뭐가 중요한가요...
호메로스의 『오디세이아』요?
히...

낭독은 한 페이지씩 차례대로
읽어나갑니다.
이 모든 시련에도 불구하고 무엇인가가 나온다면 그건…[1]
마지막 문장이 끝나지 않으면 다음
페이지의 마침표까지 이어서 읽고,
다음 차례로 넘어갑니다.
그러나 여성들에게는…[2]
그렇게 몇 페이지가 넘어가고 다시 수경 씨의
차례로 돌아왔을 때 일이 터졌습니다.
내 마음속을 샅샅이 뒤져보아도, 나는 남성의 동료라든가
남성과 대등한 사람이 되고자 하는 고귀한 감정을 찾을 수 없고,[3]
더 높은 목적을 위해 세상에 영향을 끼치려는 생각도 없습니다.[4]
자기만의 방

나는 그저 자기 자신이 되는 것이 훨씬 중요한 일이라고 평범하게...5
흑,
중얼거릴 뿐입니다...6
낭독 중에 그만 수경 씨가 울음을 터뜨린 것입니다.
어, 어...
흑
흑
무슨 일이 있는 걸까요...?
죄송해요...
저 먼저 일어날게요...

탁
탁
탁
저... 죄송한데
가게 좀 봐
주실 수 있나요?
!
......
봐주고 말고.
나만 믿고 어서
다녀오게나.
ㅎ ㅎ ㅎ
?
......
미심쩍...

수경 씨를 따라간다고 특별히 무슨
할 말이 있는 건 아니지만,
지금 수경 씨를 놓치면 다시는 만날 수
없을 것 같은 예감이 들었습니다.
탁
탁
탁
!
LOT
......
LOT
짤랑
짤랑
...

슥—
아…
훌짝
죄송해요…
갑자기 저도 모르게 그만…
아뇨아뇨! 그럴 수도 있죠.
휘
휘
『자기만의 방』은 10번도 넘게 읽었어요.
읽으면서 단 한 번도 울었던 적이 없는데 요즘 제 상태가 많이 안 좋은가 봐요.

하긴...
그런 일을 겪고도 아무렇지 않으면 그것도 좀 비정상이죠...
......
무슨 일... 있었나요?
푹ㅡ
엄마가...
행방불명 됐어요.

톡톡
엄마!
엄마!
내 렌즈통
어딨어?
엄마아!!
성경전서
나 늦었어!
빨리!
엄마!
끼이

20년 전
끼이-
너희는 위로부터 능력으로 입혀질 때까지 이 성에 머물라 하시니라
눅 24:49
아.
……
여보…?
히-

합격.
오아아아아—
하하
슥—
헤헤
울 엄마 목사예요.
여자 목사.
저희 교단에서는 여성에게 목사 안수를 준 게 불과 20년밖에 되지 않았어요.
95년도 노회에서 여성 안수 수의안이 통과됐고,

그다음 해인 96년에 교단 최초로 19명의 여성이 목사 안수를 받았는데,
울 엄마가 그 19명 중 한 명이었어요.
어릴 때라 정확한 기억은 없지만
엄만 본인이 목사라는 사실에 굉장한 자부심을 가지고 계셨어요.
교단 최초라든지, 여성 목사 같은 하찮은 자부심 말고,
예수님의 말씀대로 살아가는 교회를 당신이 직접 만들어갈 수 있으리라는 자부심... 뭐 그런 거요.
아, 아. 죄송해요.
이런 대화 익숙지 않으실 텐데...
아, 아니에요! 저도 교회 다녀요...

아...
그렇군요.
어쨌든
지금 생각해보면
제가 고등학교 때
부터 엄마한테
어떤 변화가 있었던
것 같아요.
밝고 애교도
많은 편
이었는데
말수도 부쩍
줄고, 좀
어두워졌달까?
무슨 일이
있으셨군요.
......
딸로서
좀 부끄러운
이야기지만
무슨 일이
있었는지조차 잘
모르겠어요.
모르겠다기
보다는 솔직히
별로 관심이 없었
던 것 같아요.
엄마는 그냥
엄마니까... 하면서
뭐든 혼자 잘 감당
하리라 생각한 거죠.

그 뒤로는 저도 학교 졸업하고 취직 준비 때문에 정신없이 지냈어요.
참 형편없는 딸이죠.
그날도 그냥 평소와 다름없는 아침 출근 시간이었는데, 엄마가 성경도 가방도 다 두고 그냥 사라졌어요.
그게 벌써 세 달 전이네요.
……
그럼 신고는…
신고요? 하… 아빠가 전직 경찰이세요.
신고했다가 누구 망신살 끼칠 일 있냐며 알아서 하시겠다더라고요.
처음에는 금방 들어 오겠거니 하고 기다렸다가 일주일이 넘어가자 사태가 심각하단 걸 깨달았어요.
그리고 그 다음주에 모르는 번호로 문자가 왔어요.

엄마...?
끄덕
딸. 걱정하지마...
걱정 말라고
딱 그렇게만
왔어요.
그 뒤로 일이
손에 잡히지
않더라고요.
그냥 계속 이런
의문만 들었어요.
'목사라는 사람이
왜?'
'목사가 이렇게
무심하게 가족을
떠나도 되는 건가?'
라고.
그래서 다니던 직장도
그만두고 엄마를 찾고
있었어요. 그러던
중에...
와...
수경 씨는 정말
믿음이 좋구나...
네?
이제 좀
이해가 돼요.

수경 씨가 누가복음 말씀이 새겨진 가방만 메고 다니는 이유요.
......
예수님께서 제자들에게 예루살렘 성에서 성령의 능력을 기다리라고 하셨던 것처럼
수경 씨도 엄마가 돌아오길 성령님께 구하고 있었군요?
또, 예루살렘으로부터 교회가 시작되었으니
하루빨리 엄마가 돌아와서 교회 사역도 계속 하길 바라고 있었던 거죠?
아뇨.
네?
차라리 저는
엄마가 돌아오지 않았으면 좋겠어요.

......
정확히 말하자면 기별은 있었으니 행방불명은 아니지만
엄마가 지금까지 교회에서 20년간 여자 목사라는 이유로 겪었을 모든 일을 생각하면...
......
모르긴 몰라도 엄마는 스스로 소식도 안부도 확실치 않은 행방불명자가 되길 바랐을 거예요.
그러니 차라리 돌아오지 않는 편이 나아요.
수경 씨는 그 말을 끝으로 한참을 침묵했습니다.
......

죄송해요.
아.
슥
쓸데없는 말을 너무 많이 늘어놨네요.
아, 아니에요. 저야말로 쓸데 없는 말을 해서...
그래도 말하고 나니까 한결 나은 거 같아요. 고마워요...
그럼 다음 주에 봬요.
이야기를 더 듣고 싶었지만 차마 붙잡을 수는 없었습니다.
담 주에...
수경 씨 어머니는 어떤 일을 겪으신 걸까요?
꼭 오세요... 꼭.
궁금증이 커질수록 수경 씨를 향한 제 마음도 점점 더 깊어지는 것 같았습니다.

산책자
오, 자네 왔는가?
내가 책 정리를 좀 하고 있...
음?
멍...
털썩
왜? 무슨 일 있었나?
혹시...
수경 양은 자네가 너무너무 싫다고 하던가?
흐흐
자기 스타일이 아니래? 응? 응?
그런 거 아니거든요...
찌릿
그럼 뭔데? 말을 좀 해 보게나 이 사람아.

그러니까 그게...
흠... 그랬단 말이지...
자네는 그런 수경 양 앞에서
예루살렘이니 성령이니 하는 쓸데없는 이야기만 늘어놨다는 말이고?
하... 노답...
그건 아저씨 니가 알려준 거 같은데요...?
벌떡-
허어...
이렇게 감각이 없는 친구를 봤나...
나는 수경 씨 어머니에게 무슨 일이 있었는지 대충 알겠구만.

네에?
직접 들은 저도 모르는 걸 아저씨가 어떻게 알아요?
사이즈가 나와 사이즈가...
끄덕
빨리 말해주세요. 현기증 난단 말예요.
어으...
그러면 확실히 해 주게나.
뭘요?
나 여기서 알바할 수 있는 겐가?
......
하...
아저씨... 저는 누굴 고용할 능력이 없어요.
그지예요 그지...
어허, 이 사람아, 나도 염치가 있지. 돈은 필요 없네.

예?
알바비 대신...
저 쪽방에서 딱 한 달만 지내게 해주게나.
네에...?
아저씨...
집이... 없어요?
한 달이면 되네. 더도 말고 덜도 말고 딱 한 달.
착-
아...
저는 어려서부터 연애에는 아주 젬병입니다.

고등학교 때 보습학원에 같이 다니던
누나와 사귄 적이 있습니다.
하루는 학원이 끝나고 집에 데려다주는
길에 누나가 제 볼에 뽀뽀를 하더군요.
쪽
그리고 저는 집에 들어가 집 전화로
누나에게 헤어지자고 했습니다.
훌쩍
훌쩍
도대체 왜 그랬냐고요?
......
낸들
알겠습니까?
그건 그렇고 왜 갑자기
이 이야기를 하느냐고요?
그러면...
저 도와줄 수
있는 거죠?
슥-

# 주

1. Virginia Woolf, 『자기만의 방』(민음사 역간), 81.

2. 같은 글.

3. 같은 책, 167.

4. 같은 글.

5. 같은 글.

6. 같은 글.

Chapter

# 04

# 고대와 현대의 여성

콜.
그땐 몰랐습니다. 누가 아저씨를 책방에 들인 것이 내 인생, 아니 책방의 인생을 뒤바꾸어놓을 줄은.
척
그나저나 가져올 짐은 없어요?
그건 걱정 말게나. 아까 현수 군 있을 때 고시원에서 다 옮겨왔네.
빠르기도 하네…
그런데 왠지 열받는 건 기분 탓인가…
자, 그럼.
내가 어떻게 도와줄까?

아까 수경 씨 어머니가 어떤 일을 겪으셨는지 알 것 같다고 하셨잖아요?
그것부터 말해주세요.
흠…
아, 자네 혹시…
딱
한국교회에서 여성 목사가 어떤 위치인지 알고 있나?
여성 목사요…?
음…
한국에서 여성이 목사 안수를 받게 된 게 그렇게 오래된 것 같지는 않지만…
그래도 목사가 목사죠 뭐…
위치가 다를 게 있나요?

음…
정말 쥐뿔도 모르는 구먼…
그러니끄 도와달라그 흐는 그지…
드득…
좋아. 그러면 먼저 예수님 시대의 여성의 지위부터 좀 알아볼까?
수경 씨 어머니 얘기 하다 말고 무슨 예수님 시대 여성?
그건 듣다 보면 이해가 갈 걸세.
아 예에…

자네도 고대 여성들의
지위가 남자보다 현저히
낮았다는 사실은 잘
알고 있겠지?
음...
네.
고대까지 가지 않더라도
요즘 읽고 있는 울프의
『자기만의 방』만 보더라도
잘 알 수 있죠.
맞네.
일반적으로도
그렇지만 예수님
시대와 그 이후의
여성의 삶,
특별히 신앙적인
부분에서의 삶은
더 비참했지.
어땠길래...

먼저 여성은 성서 자체를 공부할 수 없었네.
1세기에 랍비인 엘리에제르는 이렇게 말했지.
"토라(성서)를 여자에게 맡기느니 차라리 불태워버리는 게 낫다."
"딸에게 토라를 가르치는 행위는 그녀에게 음탕한 것을 가르치는 것과 다를 바 없다."[1]
엘리에제르
헐… 대박.
그뿐만 아니라
기도에 대해서도 마찬가지였네.
탈무드에는 다음과 같이 기록되어 있지.
"자신의 아내와 자녀에게 은혜의 말 혹은 축복 기도를 받는 자는 저주를 받을 것이다."[2]
TALMUD
그리고 예배에 있어서도 심하면 심했지 덜하지는 않았네.

대표적으로 예루살렘 성전에는 여성을 위한 공간이 따로 존재했는데,
그곳은 남자가 자리한 곳에서 다섯 계단 낮은 자리에 위치해 있었지.[3]
그뿐만 아니라 당시 여성은 성서를 크게 읽는 것도, 예배를 인도하는 일체의 역할도 할 수 없었다네.[4]
……
그리고 당시 랍비들의 금언을 보면 아주 가관이었지…
"남자 아이의 출산엔 모두가 행복하지만, 여자 아이를 가질 땐 모두가 슬퍼하도다."
"그들은(여자) 음식을 탐하며, 수다나 흠담을 즐기고, 게으르고, 질투심이 강하다."[5]

아아... 정말
비참했군요.
하지만 정말
비참한 것은
당시 여성들
스스로도 그것을
불합리하다고
생각하지
않고
당연한 것으로
여겼다는 점이네.
그것이 예수님
시대 여성들의
보편적인
생각이었지.
그렇게 교육받고
자라왔으니
그럴 수밖에...
아,
이제 왜 아저씨가 고대
여성들의 상황을 알려주셨는지
알 것 같아요.
오,
그런가?

확실히...
당시와 비교해서 현대 여성들의 위치가 많이 상승했다는 걸 알 수 있어요.
......
일반적으로도 그렇지만 교회만 하더라도 예배와 기도, 그리도 성서 연구가 불가능했던 시절에서
지금은 여성이 목사가 돼서 자립적으로 목회를 할 수 있는 위치까지 올라왔잖아요.
흠... 자립적이라...
자네 말이 어느 정도는 맞는 동시에,
완전한 헛소리네.

......
꿀꺽
우선, 현재 한국에서 여성에게 목사 안수를 주는 교단은 그렇지 않은 교단보다 많네.
꽤 공평하게 들리지만 그건 허울에 지나지 않아.[6]
일부 몰상식한 사람들은 여성이 목사가 되는 것을 막기 위하여
여성을 비하하는 말들을 서슴지 않고 해왔다네.
"남성이 여성을 지배하는 것은 창조 질서이다."
"생리는 부정하다."
"여성은 감정적이라 지도자에 어울리지 않는다."
"여성의 목소리는 설교에 적합하지 않다."[7]
헐... 그건 그냥 인신공격인데...
전혀 성경적이지도 않고.
그리고 여성 목사 안수를 불허하는 일부 교단에서는 이렇게 발표했네.

"여성 목사(안수) 문제는 사회/문화적 차원에서 결정할 문제가 아니다. 이것은 하나님의 창조질서의 근간에 속한 문제이다. 성경은 여성을 목사로 세우는 것을 금하고 있는 것이 분명하므로 우리는 여성 목사(안수)를 허용하지 않아야 한다."[8]
......
그리고,

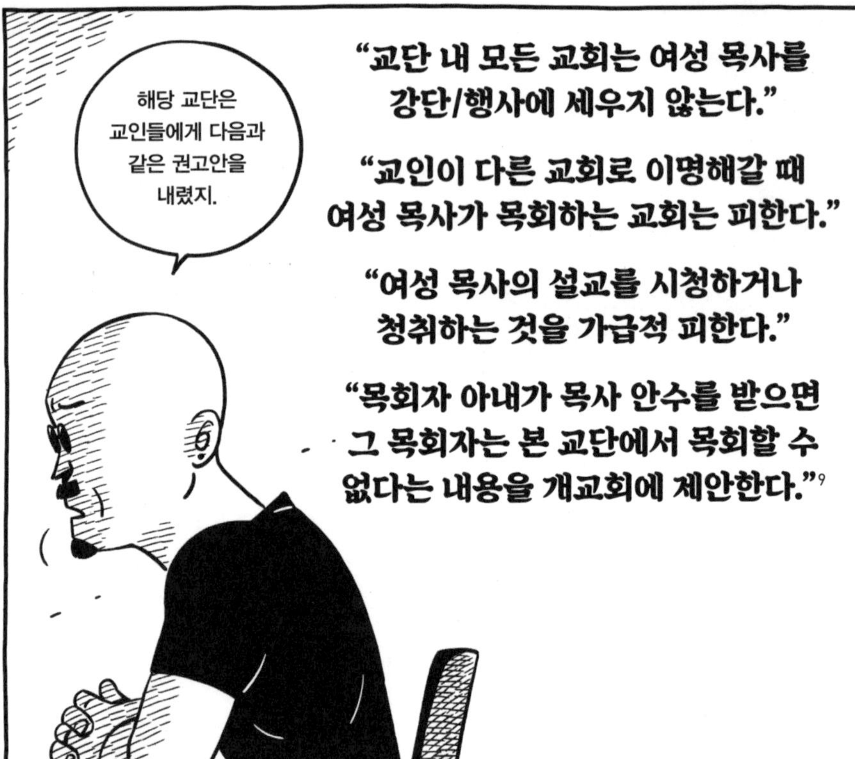
해당 교단은 교인들에게 다음과 같은 권고안을 내렸지.
"교단 내 모든 교회는 여성 목사를 강단/행사에 세우지 않는다."
"교인이 다른 교회로 이명해갈 때 여성 목사가 목회하는 교회는 피한다."
"여성 목사의 설교를 시청하거나 청취하는 것을 가급적 피한다."
"목회자 아내가 목사 안수를 받으면 그 목회자는 본 교단에서 목회할 수 없다는 내용을 개교회에 제안한다."[9]

이익...
여자를 무슨 부정한 듯이 말하고 있잖아요...
후우... 나도 말하기 버겁구먼그래...
확실한 성경적 근거도 없이 그냥 여성이라 안 된다는 건가요?
근거야 있으나 마나 한 것들 태반이지.
일부 기독교계 에서는
성경에 여 제사장이 없었으므로, 여자 목사도 있을 수 없다는 주장을 내세우고 있지.
여 제사장
↓
여자 목사
하지만 마찬가지로 이방인은 제사장이 될 수 없다는 성경의 말씀대로라면 대부분의 (이방) 남자도 목사가 될 수 없겠지...
......
이방인 제사장
↓
남자 목사

하...
어불성설이 따로 없네요.
항간에서는 페미니즘이 인본주의라며 학을 떼지만 그 반응도 문제가 있네.
간단히 말해서 페미니즘이란 남성의 관점으로 봤던 것들을
여성의 관점에서도 보자는 것인데,
그걸 인본주의라고 못 박아버리면
성경이 남성의 관점으로 보면 진리고,
여성의 관점으로 보면 인본주의로 바뀐다는 이상한 논리가 되지.

휴우…
끼이
그러니
이 문제는 단지
여성이 목사가
되냐 안 되냐가
아니라,
여성과 남성의
평등에 대한
문제라네.
……

자기만의 방
외투
… 시인선
오늘 낭독모임 때 읽었던 「자기만의 방」 내용 기억나요?
음?
어떤 부분 말인가?
버지니아 울프가 말했죠,
세계는 하나의 성만으로는 역부족일 수밖에 없다고.
"여성이 남성처럼 글을 쓰거나 남성과 같은 생활을 하거나 또는 남성처럼 보인다면, 그것도 천만 번 유감스러운 일이지요."[10]

산책자
"세계의 광대함과 다양함을 고려해볼 때 … 하나의 성만 가지고 어떻게 해나갈 수 있겠습니까?"[11]
내일 10시까지 올게요. 푹 쉬세요.
걱정하지 말게나. 그 전에 일어나서 정리도 해 놓겠네.
……
걱정하지 말래두, 문단속 잘 하고 있겠네. 나 믿지?
허허
아니, 그게 아니라…
좀 이상해서요…
뭐가?

분명 랍비들의
금언이나 탈무드에
기록된 내용이 훨씬
더 자극적인데
왜 현대 교회에서
하는 말이나 행동이
훨씬 더 여성
비하적으로
느껴질까요...?
그건...
이 상황이
남의 얘기가 아니라
바로 우리
가족들이 처한
이야기이기
때문이지.
가족들의
이야기...

한우쇠고기만..
좀 혼란스러웠습니다.
교회 안에서조차 남녀가 평등하지 않다니...
본김밥
치즈 피자짱
오늘따라 유난히 밤안개가 자욱합니다.
수경 씨 어머니가 교회에서 느끼셨을 회한이 안개처럼 무겁게 내려앉는 것 같습니다.
저도 이런데 하물며 수경 씨는 지금 어떤 기분일까요.

# 주

1. Leonard Swidler, 『예수는 페미니스트였다』(신앙과지성사 역간), 36.

2. 같은 글.

3. 같은 책, 37.

4. 같은 글.

5. 같은 책, 39.

6. "여성과 신학생", 「뉴스앤조이」(2017.9.25).

7. 같은 기사.

8. "여성 안수 불가 재확인", 「뉴스앤조이」(2017.9.20).

9. 같은 기사.

10. Virginia Woolf, 『자기만의 방』(민음사 역간), 134.

11. 같은 글.

Chapter

# 05

# 페미니스트 예수

생각할수록 화가 났습니다.
교회는 예루살렘으로부터 성령의 능력을 받아 세워졌다는데
……
왜 그 교회 안에서 성도들이 상처를 받아야 할까요.
기성 교회에 화가 났고, 여성을 무시하는 남성 기득권자들의 목소리엔 치가 떨렸습니다.

그런데 그때,
......
잊었던 기억 하나가
불현듯 떠올랐습니다.
10년 전
우리 찬양단
인도자는 어떻게
할까?
성준 형
입대 때문에 곧
자리가 비니까
미리 생각해
놔야지.

우리는 당연히 민이 니가
하는 거로 생각했는데?
너만큼 기타 잘 치는
사람도 없고.
아니 그래도
회의를 거쳐야...
야, 김사인.
당연히라니.
?
민주도 올 초부터
찬양 인도하려고
기도도, 기타 연습도
빡세게 하고 있는
거 모르냐?
여자라고
편드는 게 아니라
최소한 후보가 한 명
이상이면 투표 가야지.
당연한 게
어디 있어,
당연한 게
진아야...
성준 형 이전에 인도했던
누나 기억 안 나?
기타 실력도 별로고
무엇보다 박자를
못 맞춰서 다들
고생했잖아.
그래서 다음부터
다른 건 몰라도 기타만큼은
완벽하게 치는 사람으로
뽑자고 했던 거 벌써
까먹었냐? 어?
그리고 민주가
아무리 날고 기어도...

여자가
기타 치는 건
좀 무리야.
그랬습니다.
......
남을 탓할 이유가 없습니다.
그날 새벽 정말 오랜만에
무릎을 꿇었습니다.
슥
눈물은 나지 않더군요.
어색한 단어 하나가 입 주변을
간지럽게 맴돌았습니다.
주님...
마치 처음 소리 내어 불러본다는 듯...

주님...
교회가 뭔데요.
산책자
헛둘 헛둘
뚝
MEOW
헛둘 헛...
엉?
MEOW

아직 7시밖에
안 됐는데?
잠을 좀
설쳐서
그냥 일찍
나왔어요.
하하
잘 주무셨
어요?
퀭…
수경 양 생각에
잠도 잘
안 오던가?
ㅎㅎㅎ
아님…
혹시 나
때문에?
아, 아니
그게 아니라…
생각이 좀
많아졌어요.
무슨 생각이…?
그니까…
예수님 시대에는
대놓고 여성을
인정하지 않았잖아요.
그랬지.
그러면 예수님은
공동체 안에서 여성들을
어떻게 대하셨어요?

저도 어릴 때는 교회 열심히 다니면서 설교도 많이 들었는데
예수님이 여성에 대해 말씀하신 부분은 극히 적었던 것 같아서요...
아무리 예수님이라도 그런 문화권에서는 여성을 평등하게 대하지 못하셨겠죠...?
엉? 예수님이?
그분이야 말로...
당시 가장 진보적인 페미니스트 셨을 걸?
네?
내가 쓴 누가복음이 그 사실을 확실히 증거하고 있네.

네...?
예수님이요?
예수님은 여성에 대한 언급을 그닥 많이는 안 하신 것 같은데...
그건 자네가 쓰고 있는 안경을 벗어야 보인다네.
저 안경 안 쓰거든요. 안경은 아저씨가 썼죠.
아저씨 그러지 마요... 무서워요...
그게 아니라
이 관점을 바꾸라는 소리야.
척-
EOW
우선 책방 오픈 준비 좀 하고 시작할까?
아... 네, 네.

책방
새책/헌책
책 주문
가능
슥-
참, 자네...
사복음서를
끝까지 읽어
본 적 있나?
사복음서요?
그, 글쎄요...
아마 한 번쯤은
읽어봤겠죠...
슥-
그러면
예수님이 하신
말씀 중에 여성을
열등한 존재로 묘사한
부분을 들어본 적은
있는가?
전에 말했던 것
같은 여성 비하적
내용이라면...
글쎄요...
들어본 적 없는 것
같은데요.

그렇지?
실제로도 예수님은 여성을 열등한 존재라고 비하하지 않으셨네.[1]
슥-
오히려 가난한 자, 죄인, 병든 자, 그리고 여성들과 같은 당시 사회적 약자들을
MEOW
하나님 나라의 통치 속에서 자유롭게 하셨지.[2]
아 그 말씀...
그건 저도 기억 나요.
예수님은 1세기에 만연했던 비여성 주의적인 사회 풍토에도 불구하고
여성들에게 복음을 전하신 게야.

그러면 더 이상하잖아요...
그 말은 예수님의 말씀이 중간에 증발했다는 건가요?
......
예루살렘으로부터 성령의 능력으로 지금까지 이어졌고,
예수님의 삶대로 사는 것이 교회라고 하셨잖아요.
그런데 지금 우리 모습을 보면...
그렇기에 우리는 인정해야 해.
MEOW
우리들의 실패를.

실패... 요?
예수님이 십자가에서 돌아가신 뒤 마땅히 그분의 말씀을 따랐어야만 했던 교회는
또다시 비여성주의를 넘어 여성 혐오에까지 이르기 시작했다네.
2세기 신학의 교부 테르툴리아누스는 다음과 같이 말했지.
"네가(여성) 바로 악의 통로라. 네가 금지된 나무를 범한 장본인이라."
(Tertullian, 150-225)[3]
오리게네스는 이렇게 말했고,
"창조주의 눈에 들어온 것은 남성이었지 여성이 아니었다."
(Origen, 185-254)[4]
4세기 에피파니우스는 이런 말을 남겼지.
"여자는 쉽게 미혹당하고, 약하고 이해심이 부족하다. 악마는 여자를 통해 자신의 무질서를 뱉어내려 노력한다."
(Epiphanius, 315-403)[5]

헐...
휙-
예수님은 이런 말씀을 하신 적도 없는데
그분의 말씀을 따른다는 교회가 이런 발언을 했다니...
우리는 대체 누구 말을 따르고 있는 거죠...?
초기 교부들 인가요?
그게 바로 자네, 아니 교회가 쓰고 있는 그릇된 안경일세.
안경을 벗는다는 건 곧 예수님의 말씀에만 집중한다는 뜻이기도 하지.
MEOW
이것은 비단 여성에 관한 문제 뿐만이 아니라네. 사람들은 예수님의 진리를 따른다고 말은 하지만
사실상 예수님 자체에는 관심이 없는 거야.

그랬기에 우리는
지금까지 실패했고,
지금도 여전히
실패하고 있으며,
앞으로도 계속
실패할 걸세.
......
그렇다면
방법은 하나
밖에 없네요.

제 입에서 이런 말이 나오다니.
조금 놀랐습니다.
그 안경
던져버릴래요.
척-
마음에 파문이 일듯
어떤 생각이 떠올랐습니다.
만약 내가 교회에서
듣고 배웠던 것들이 예수님의
그림자에 불과했고
수경 씨와 그녀의 어머니가 느꼈던 상심의 원인이
예수님의 실체를 보지 못했던 무지에서
비롯된 거라면...
산책자
그렇다면...
저와 이 작고 볼품없는
책방이 그들에게 도움을
줄 수는 없을까요?

올...
피식
사랑의 힘이
대단하긴
하군...
네?
아무것도
아닐세.
휘
휘
그렇다면 이제
본격적으로 누가복음에
등장하는 여성들에
대해 알아볼까?
두리번
두리번
?
뭘 그렇게
보세요?
두리번
아,
혹시 손님이
오실까 해서...

응, 안 와요.
온종일 한 명도 없을 때도 많아요...
또르르
그, 그렇구만...
헛
헛
아,
호록—
아까 내가 예수님이 진보적인 페미니스트셨다는 것을
누가복음이 증명하고 있다고 했던 말 기억하나?
아... 네.
전 머리털 나고 그런 이야기는 첨 들어봤어요.

허허
사실 누가복음뿐 아니라 사복음서 모두 여성에 대해 많은 기록을 남겼지.
그것만으로도 당시의 시대적 배경에 비춰볼 때 대단한 일이긴 하지만
그중에서 누가복음은 특별히 더 여성적이었네.
더 여성적이었다고요?
그렇다네.
먼저 누가복음에 등장하는 여성과 관련된 구절은 모두 220개 정도 되고
나머지 복음서들은 다음과 같지.[6]
누가복음
마태복음
요한복음
마가복음
220개
100%
180개
82%
119개
54%
114개
52%

음...
확실히 누가복음이 다른 복음서보다 많긴 하네요.
그렇지? 그리고 누가복음과 마태복음의 전체 분량이 거의 비슷한 걸 감안 하더라도
누가복음이 여성에 대해 더 많은 내용을 할애했다는 걸 알 수 있지.[7]
영어 킹제임스성경 기준
약 1,071절 23,343단어
마태복음
28장
약 1,151절 25,640단어
누가복음
24장
으흠...
뿐만 아니라 누가복음에 기록된 여성에 대한 구문이 42개인데,
이 중에서 3개는 사복음서에 공통으로 기록되어 있고,
요한복음
마가복음
누가복음
~~42개~~
39개
3개 공통
마태복음

9개는 누가, 마태, 마가복음에 공통으로 기록,
마가복음
9개 공통
누가복음
39개
30개
마태복음
5개는 누가, 마태복음에 공통으로,
5개 공통
누가복음
30개
25개
마태복음
2개는 누가와 마가복음에 공통으로 기록되어 있지.8
마가복음
2개 공통
누가복음
25개
23개
그럼 남은 23개 구문은 뭐죠...?
좋은 질문이네.
내가 전에 말했던 특수자료 기억나는가?
아...
띠띠띠—
두.뇌.풀.가.동
아!
각 저자만이 가지고 있는 고유한 자료!

맞네.
나머지 구문들은 사복음서에 공통으로 기록되어 있는 내용이 아닌
작가의 기지를 발휘하여 더 심도 있게 기록한 특수자료라네.
여성 관련 특수자료 비교
특수자료로만 비교한다면 누가복음이 얼마나 여성적인 복음서인지 더 잘 알 수 있지.[9]
마가복음
요한복음
마태복음
누가복음
0개
3개
10개
23개
오...
확실히 누가복음이 여성적이긴 하네...
하지만 단지 양적인 측면만 부각한다면 진짜 친여성적이라고 할 수 없겠지.
그 내용이 어떻냐가 더 중요한 게지.
자, 이제 누가복음의 특수자료 중에서도 절대 빠질 수 없는 구절을 하나 소개하지.
절대 빠질 수 없는 구절...?

바로 예수의
어머니 마리아의
찬가라네.
예수를 잉태한 마리아가
자신의 친척인 엘리사벳을
찾아가 불렀던 감동적인
노래...
......
꿈뻑
헐
대박...
이거 진짜
유명한 구절인데...
모, 몰라?
하...
그래... 지금부터라도
알면 됐지...
꿈뻑
꿈뻑
먼저
마리아 찬가는
두 부분으로 나눌 수
있다네. 전반부는
마리아 자신에게
초점을 맞췄는데
A. 마리아
또 마리아가 말하기를
1. "내 영혼이 주를 찬양하며
2. 내 마음이 하나님 내 구주를
기뻐하니,
3. 이는 그가 당신 여종의 비천한
상태를 살피셨음이라.
4. 보라, 이제 후로는 모든 세대가
나를 복되다 하리니,
5. 이는 전능자이신 그가 내게
큰일을 행하셨기 때문이요
6. 또 그의 이름이 거룩하도다."[10]
찬송과 구원,
그리고 비천한 종과
높이 올림이라는 주제가
등장한 뒤 다시
역순으로 반복되지.
히브리적인 문장
구조에서 글의 중심에
있는 문장은 그 글의
핵심 내용으로 볼 수
있는데
.... 찬양
....... 구원
........... 비천한 종
........... 높이 올림
....... 구원
.... 찬양
여기서는 비천한
마리아가 높이 올림을
받는 장면이 가장
중요한 내용이네.[11]

그리고 후반부는 공동체에 초점을 맞추면서 자비와 구원, 그리고 비천함과 높이 올림이라는 주제가 나오고
A. 마리아
7. "또 그의 자비가 대대로 그를 두려워하는 이들에게 미치도다. ········ 자비
8. 그가 그의 팔로 능한 행위들을 행하사 그가 그 마음의 생각이 교만한 자들을 흩으셨으며, ······ 구원
9. 그가 권세 있는 자를 보좌에서 끌어내리시고 비천한 상태에 있는 자를 높이셨으며, ····· 비천함
10. 그가 주린 자들을 좋은 것들로 채워주셨고 부자는 빈손으로 보내셨도다. ····· 높이 올림
11. 그가 그의 종 이스라엘을 도우셨으며 ······ 구원
12. 그가 우리 조상에게 말씀하셨던 것처럼 자비를 기억하사 아브라함과 그 자손에게 영원히 하시리라."12 ······· 자비
전반부와 마찬가지로 역순으로 반복되지.
그렇다면 후반부의 중심 내용 역시, 마리아 본인과 같이
공동체도 비천한 신세에서 높이 올림을 받으리라는 내용 이겠군요.
그렇지.
그런데 이게 왜 중요한 구절인 거죠? 마리아가 그냥 기뻐서 하나님께 감사드린 것뿐이잖아요.
자네는 하나만 알고 둘은 모르는군.
후 후 후
네?

마리아가
노래를 부르는
이 장면은
당시 멸시와 핍박을
면치 못했던 여성의 지위에
대항하여
모든 믿는 자들의 모델로서
한 여성을 제시하고 있는 걸세.[13]
척-
마리아는 자신의
민족 공동체는 물론,
모든 믿는 사람들이
이방인
유대인
비천한 인생에서
그리스도의 은혜로 높이
올림을 받을 것을
선포하는,
이방인
유대인
지적인
여성으로
등장하고
있다네.[14]

아...
생각해 보게나.
당시 독자들은 이 구절을 통해서 마리아라는 비범한 존재를 알 것이고,
예수님이 그 여성으로부터 특별한 영향을 받았으리라 생각하지 않겠는가? 그러니 마리아의 찬가는[15]
단순히 잉태로 인한 감사 찬양으로만 볼 것이 아닌,
자주적인 한 여성의 힘을 느낄 수 있는 장면으로 보아야 하네.
자주적인 여성... 아,
버지니아 울프가 여성은 남성화 되는 것이 아니라
가장 여성적이며 독립적인 한 인간이 되어야 한다던 말과 같은 맥락이군요.

그렇지.
마리아라는 한 인간은
절대 남성이 대체할 수 없지.
슥-
헐... 정말 놀라운데요?
아직 놀라긴 이르네.
자네 혹시 예수님을 따르던 여성 제자들에 대해 들어봤나?
그래.
여성 제자요?
예수님을 추종하던 여인들이 있었다는 건 들어봤지만...
그들을 '제자' 라고 부르긴 좀 무리가 있지 않나요...?

그렇게 생각하나?
이 구절을 한번 보게나.
"그 뒤에 예수께서 고을과 마을을 두루 다니시면서, 하나님의 나라를 선포하며 그 기쁜 소식을 전하셨다. 열두 제자가 예수와 동행하였다. 그리고 ... 그 밖에 여러 다른 여자들이었다. 그들은 자기들의 재산으로 예수의 일행을 섬겼다."[16]
것봐요...
"열두 제자가 예수와 동행하였다."
제자라는 호칭은 남성인 열두 제자 에게만 붙이고
여성들은 이렇게만 기록했잖아요.
"그 밖에 여러 다른 여자들이었다."
그건 당시의 문화를 알면 좀 다르게 보일 걸세.
예수님은 무리와 함께 여러 고을을 다니시며 하나님 나라를 선포하셨네.
이 말은 매일 밤을 낯선 동네에서 보내셨다는 뜻이지.[17]
제자
여성

하지만 이 일은 당시에는 아주 큰 문제가 되는 일이었다네.
왜요?
제자
여성
여성과 남성이 같이 여행을 하는 것도 모자라 밤을 보낸다는 건 있을 수 없는 일이었기 때문이지.
그런 일은 현대 중동에서도 공개적으로 불가능한 일인데[18]
하물며 당시 여성이 위험을 무릅쓰고 예수님을 따라다녔다는 건 단순한 추종을 넘어서
제자만이 할 수 있는 일이었지.
아아… 하긴 정말 그렇겠네요.
하지만 이 누가는…
그런 문제적 장면을 적극적으로 본문에 기록함으로써
?
MEOW

예수님의 제자가 남성만이 아니었다는 사실을 누가복음을 읽는 독자들이 알기 원했지.[19]
크…
늬에늬에… 어련하셨겠어요…
뿐만 아니라 여성들은 자기들의 소유로 예수님을 섬겼으니
"자기들의 재산으로 예수의 일행을 섬겼다."
이 정도면 여성들도 남성 못지않게 적극적이며 능동적인 제자라고 볼 수 있지 않은가?
적극적이었다는 건 알겠지만 제자까지는…
흠…
흠… 그런가?
아, 자네.
바울이 가말리엘의 제자였던 건 알지?
아…

네... 뭐...
어떤 랍비의
제자였던 건
알지요... 네...
하하...
바울은 자신이
가말리엘 "발아래서
자랐다"라고
표현했다네.[20]
"발아래 앉는다"라는 표현은
'그 랍비의 제자이다'는 뜻으로
쓰였는데[21]
나는 예수님이
마르다의 집에
들어가셨던 장면에서
이 표현을
사용했지.
ME
흥흥
아, 마리아와
마르다? 그 구절 넘나
잘 알죠!
하나 아는 거
나왔나 보다...
그런데 거기에
저런 표현이
나왔던가...?
큭...
......
기억해
보게나.

마르다가 사람들을 섬기느라 정신이 없을 때
"이 여자에게 마리아라고 하는 동생이 있었는데, 마리아는 주님의 발 곁에 앉아서 말씀을 듣고 있었다."[22]
마리아는 예수님의 발아래 앉아 그분의 가르침을 들었잖은가.
아...
저 "발아래 앉다"라는 뜻을 아는 당시 사람들은 자연스럽게
마리아가 예수님의 제자가 되었다는 말로 들렸겠네요.
바-로 그거지.
그런데...
마르다는 왜 자기 일을 돕지 않는다고 마리아에게 화를 낸 거죠?
허허
사람들은 마르다가 분주해서 화를 냈다고 생각하지만 꼭 그렇지도 않네.

물론 분주해서 화가 나기도 했지만
동시에 동생인 마리아를 걱정했기 때문이기도 하네.
네??
뭘 걱정해요?
마르다는 여자가 제자가 되어
랍비의 가르침을 받는다는 사실이 걱정이었던 거야.
하나님 나라는…
끄덕
끄덕
당시에 여성이 남성과 공공연히 어울리게 되면 사람들과 집안의 안 좋은 시선은 물론,
혼인까지도 어려워질 수 있었지. 그래서 마르다는 동생이 부끄러운 일을 당하지 않도록[23]
마리아를 자신의 쪽으로 보내 집안일을 돕게 하라고 예수님께 요청한 것이네.
하지만 예수님은 마르다에게 이렇게 말씀하시지.

"마르다야, 마르다야, 너는
많은 일로 염려하며 들떠 있다.
... 마리아는 좋은 몫을 택하였다.
그러니 아무도 그것을 그에게서
빼앗지 못할 것이다."
아...
그런 마르다의 요청에도 불구하고 예수님은 마리아를 제자로 삼아 주셨군요.[24]
그렇지. 이러한 행동이 당시 문화에서는 꽤 불편한 일이었음에도 불구하고
예수님은 아랑곳하지 않으셨지.
순간 제 머릿속에 어떤 장면이 떠올랐습니다.
......
이전에는 예수님께서 말씀을 전하실 때 주변에 남성들이 대부분인 풍경을 떠올렸다면
지금은 그 틈 속에 여성들이 자리 잡고 있는 그런 장면 말입니다.

음...
예수님이 여성들과도 함께 여행하셨다면
여성을 염두에 둔 말씀도 많이 하셨겠네요?
당연하지.
예수님은 남성과 여성이 짝을 이루는 설교를 많이 하셨다네.
오,
어떤 것들이 있는데요?
음... 우선
이런 비유가 있겠지?
"새 옷에서 한 조각을 떼어내서, 낡은 옷에다가 대고 깁는 사람은 없다.
...
새 포도주를 낡은 가죽 부대에다가 넣는 사람은 없다."25
음?
이 비유가 왜요?

당시 옷을 고치는 일은 여성의 일이었고,
포도주를 만드는 일은 남성이 주로 하던 일이었기 때문이지.[26]
아...
그리고 또 이 구절은
"누구든지 내게로 오는 사람은, 자기 아버지나 어머니나, 아내나 자식이나, 형제나 자매뿐만 아니라, 심지어 자기 목숨까지도 미워하지 않으면, 내 제자가 될 수 없다. 누구든지 자기 십자가를 지고 나를 따라오지 않으면, 내 제자가 될 수 없다."
다시 말해 자기 십자가를 질 수 있는 사람은[27]
남녀를 불문하고 누구나 제자가 될 수 있다는 말씀이기도 하지.[28]
그리고 자신의 전부인 두 렙돈을 넣은 가난한 과부는

대부분이 남성이었을 부자들보다 더 큰 칭찬을 받지 않았는가.
"이 가난한 과부가 누구보다도 더 많이 넣었다. 저 사람들은 다 넉넉한 가운데서 자기들의 헌금을 넣었지만, 이 과부는 구차한 가운데서 가지고 있는 생활비 전부를 털어 넣었다."[29]
이 외에도 많은 여성 관련 구절들이 있지만
...
이것만으로도 예수님의 관심사가 남성에게만 있지 않았다는 사실을 잘 알 수 있지.
그렇네요... 다 익숙한 구절인데 왠지 다르게 느껴져요.
그렇지?
남성과 여성이 짝을 이루는 구절은 누가복음에만 27개나 된다네.[30]
누가복음

이런 특징은 다른 복음서를
보더라도 쉽게 찾을 수 있는데
마가 복음
요한 복음
마태 복음
만약 복음서를 기록한
나 같은 사람들이
여성을 차별했다면
이런 전승을 기록하여
남기기는커녕
검열을 통해
다 잘라냈겠지.
마가 복음
요한 복음
마태 복음
아...
정말
그랬겠네요.
복음서를
기록한
분들도...
예수님의
의도와 관심을
놓치지 않으려
애쓰신 거군요...
그런데
교회는,

아니
나 자신은...
예수님의
말씀에는 전혀
관심이 없었어요...
왜 그래요?
사람 불러놓고
아까부터 똥
씹은 얼굴로...
달
달
아
진짜...
어떻게
말해야 할지...
달
달

으잉? 진짜
뭔 일 있나 보네?
심 전도사.
집에 뭔 일
있구나? 그치?
아, 아뇨.
그런 게
아니라...
아이...
아 그럼 뭔데...
속 시원히 얘기해
보라니까 좀.
그러니까
담임 목사님이...
전도사, 아,
아니 목사님을...
나를?
저희 교회
부목사 말고...
아는 교회
복지관 기관 목사로
추천해주시겠다고
...

# 주

1. Leonard Swidler, 『예수는 페미니스트였다』(신앙과지성사 역간), 35.

2. 눅 4:18.

3. Leonard Swidler, 같은 책, 41.

4. 같은 책, 42.

5. 같은 글.

6. Leonard Swidler, 같은 책, 211.

7. 같은 책, 212.

8. 같은 글.

9. 같은 글.

10. 눅 1:46-49.

11. Kenneth E. Bailey, 『중동의 눈으로 본 예수』(새물결플러스 역간), 295.

12. 같은 글; 눅 1:50-55.

13. 같은 책, 297.

14. 같은 글.

15. 같은 책, 298.

16. 눅 8:1-3.

17. Kenneth E. Bailey, 같은 책, 299.

18. 같은 글.

19. 같은 글.

20. 행 22:3.

21. Kenneth E. Bailey, 같은 글.

22. 눅 10:39.

23. Kenneth E. Bailey, 같은 책, 300.

24. 눅 10:41–42.

25. 눅 5:36–39.

26. Kenneth E. Bailey, 같은 책, 301

27. 눅 14:26–27.

28. Kenneth E. Bailey, 같은 책, 302.

29. 같은 책, 303; 눅 21:3–4.

30. 같은 글.

Chapter

# 06

# 여자, 정희

......
당회에서 그렇게 결정 난 거야?
네...
전도사님, 아니 목사님이 근 10년 동안 우리 교회에서 하신 일들을 생각하면
붙잡아도 시원찮을 판에...
솔직히 목사님 때문에 버티는 성도님들도 얼마나 많은데요.
하...

……
팅~
팅~
교회에 남고 싶다고
말씀하셨잖아요.
그쵸?
응, 그랬지.
그런데
왜…
전 이해가
안 가요.
슥~
응?
심 전도사
순진허네.
히~

네?
뭐가요?
슥-
쯔르르르르-
쯔르르르륵
나 여자잖어.
나
왔다아-
끼-
다
자나?

끼이…
슥—
딸, 사랑하는 내 딸아.
코—
세상 모르고 자네
요즘엔 깨어 있는 모습보다
잠든 모습을 더 많이 보는 것 같네.
엄마가 미안해.
슥—

엄마가 한 번 마음먹은 일은
기어이 해내고야 마는 지랄 맞은
성격인지라
스윽-
여자로 태어나
목사가 된답시고
우리 딸한테 참
소원했네.
엄마 참 못됐다.
후...
코-
엄마 마음이 이토록 헛헛한 건
10년을 사역했던 교회에서
쫓겨났기 때문도,
그간 서로 눈물로,
삶으로, 부딪치며 아등바등
버텨왔던 성도들을 이제
볼 수 없다는 사실 때문도,

목사가 되기까지의
과정이 너무
힘들었기 때문도
아니야.
그리고 예수님의 말씀대로
사는 교회를 만드는 일은
슥
으음...
꼭 여기가 아니라
다른 교회에서도 충분히
할 수 있는 일이잖니.
엄마가 이렇게 숨이 쉬어지지
않을 정도로 답답한 건
엄마 마음이...
이 엄마 마음이...
이런 상황에서도
만족하기 때문이란다.

이만하면 됐다.
이 정도면 교단도 교회도
충분히 배려했다.
여자로서...
한 여자로서 목사라는 직함을 받았으니
그걸로 나는 족하다.
딸아,
사랑하는 내 딸아.
모든 문제는 이 엄마에게 있었어.
그래서 너무너무...
짜증나.

부우웅-
버스
왔다.
유치원
딸, 오늘도
재밌게
하루 보내.
응!
엄마도
복지관에서
신나게 놀아!
꺄아-
지수야!
드르륵- 쿵!
유치원

부우웅-
그래...
......
시간은 참 더디게 흐릅니다.
꾹-
3:56
토요일
손님은 여전히 뜸하고, 수경 씨를 만나는
화요일은 제게서 천천히 멀어져만 갑니다.
아직 토요일...

난 수경 씨를 위해 뭘
할 수 있을까?
같은 질문을 스스로에게 묻고,
또 물었습니다만 잘 모르겠더군요.
나와 이 책방이 작은
도움이 되고 싶다는
막연한 바람은
머릿속을 부유할 뿐
손에 잡히질 않습니다.
......
누군
태평해서
좋겠다...
쿨-
쿨-

하...
만나서 괜히
어색하지나
않았으면...
하지만 상황은,
끼이-
전혀 예상치 못한
쪽으로 흘러갔습니다.
아, 아,
아, 아, 아,
아, 아...
아, 안녕
하세요!
안녕하세요.

머리...
하셨네요.
네. 매번 묶기도
뭐해서 잘랐어요.
정말 너무너무...
잘 어울려요.
감사해요.
아니, 예뻐요.
쩝, 쩝... 뭐지...
이 기분 더럽게
풋풋한 기분은...
쩝...
쿨-

책 보러
오셨어요?
아...
그게...
쿨-
쿨-
오늘은 책
때문에 온 게
아니고요...
슥-
부탁을 좀
하려고
왔어요.
저, 저한테
부탁을요?
저...

엄마 있는 곳을
찾은 것 같아요.
오, 정말요?
잘됐네요. 그쵸?
끄덕
엄마가 교회로
돌아가지 않아도
좋다고는 했지만
딸로서 최소한
잘 있는지 눈으로
확인하고 싶어서요.
그래서
말인데요…
?
저랑 같이
가주실 수
있어요?

!!!!!
제, 제
제, 제가
같이요...?
네.
안 될까요?
이때 했던 말로 저는 밤에
이불킥을 거칠게 차게 됩니다.
저는요!
?
헤벌쭉-
수경 씨랑
지구 끝까지도
갈 수 있걸랑요.

네?
……
퍼엉-
화-끈
개인적으로 대중교통은 버스보다
지하철이나 기차를
좋아합니다.
부웅-
금오고속
막히지 않아서 빠르고,
또 쾌적하잖아요.
하지만 이런 상황이라면…

!
!
와씨! 오늘
날씨 좋다.
그,
그러게요.
어-색
휙
휙
미, 미세먼지가
이쁘게도 꼈네...
......
누군가에게
엄마 이야길
털어놓은 게
처음이었어요.

친한 친구들에게도, 친척들에게도 못했거든요.
아...
솔직히 좀...
창피 해서요.
그래서 더 신기했어요.
사인 씨한테 말하면서는 별로 창피한 줄 몰랐거든요.
오히려 좀 시원했는걸요.
아...
아마도 가깝지 않은 사람이라 그럴 거예요.
가끔은 그런 관계에서 속 이야기를 하기가 더 쉽죠.
응.
그럴 수도 있겠다.

일주일간
엄마 생각이
더 많이
나더라고요.
불쌍하고,
또 보고 싶고.
네…
정확히는
모르지만 저도
대충 짐작했어요.
한국교회에서
여성이 목사로 산다는
거 쉽지 않잖아요.

끄덕
맞아요.
그날 사인 씨한테 털어놓고는 엄마가 좋아하던 이 말씀을 들여다보고 또 들여다봤어요.
아... 이 말씀.
너희는 위로부터
그때는 죄송했어요.
제가 괜한 소릴 해서.
네? 아니에요.
사실 그때 사인 씨가 했던 말 때문에 더 놀랐는걸요.

그 말…
엄마가 항상 입버릇처럼 하던 말이었거든요.
이 말씀은 엄마의 모든 것이었어요.
성령을 통해 예루살렘으로부터 세워진 교회.
예수님의 말씀만 듣고 순종하는 교회…
물론 모든 여성 목사님들이 다 엄마 같은 건 아니지만
울 엄마의 그 바람은 송두리째 뜯겨나간 셈이죠.

……
금오고속
아무튼
엄마 생각에 말씀을 들여다 보다가
불현듯 엄마와 전부터 사역하던 전도사님이 생각났어요.
지금은 목사이신.
왜 지금까지 그분을 찾아뵐 생각을 못했는지 몰라도
찾아가서 엄마에 대해 좀 더 자세히 여쭤보고 싶었어요.

희한했던 게,
정말 오랜만에 연락을 드렸는데 마치 제 연락을 기다렸다는 듯
반색하며 만나주시겠다고 하시더라고요.
그래서 알게 됐어요.
?
……
그날 일을요.

……
……
그러니까…
목사님은 알고
계셨다고요.
엄마가 집을
나간 사실을.
면목이
없구나.

몇 번이나 네게는
말하는 게 맞다고
생각했지만
그럴 수가
없었어.
네 엄마,
오 목사가
입단속을 시킨
것도 있고,
……
나한테 듣는 것보다
니 엄마한테 직접
듣는 게 좋지 않을까
싶어서 일부러 안 한
것도 있고.
그럼 역시
엄마가 있는
곳도 아시겠군요.
끄덕

하...
암만 그래도 제게는 말해 주시지...
전 딸 이잖아요... 딸.
......
그치... 딸이지.
하지만 오 목사도 만약에 언젠가 네가 직접 나를 찾아와서 엄마를 찾거든
그때는 가감 없이 다 말해주라고 했단다.

도대체 뭘 말해주라는 거예요?
......
딸내미에게도 하기 힘들었던
여자 오정희에 대한 이야기 말이다.
자신의 이야기요?
네...
엄마가 전도사로 사역하던 교회에 심 전도사님이라는 분이 계셨대요.

엄마는 목사가 되고
사역하시던 교회에서
부목사가 되길 바랐지만
담임 목사님의 반대로
그럴 수 없었어요.
그리고 이듬해
심 전도사님도
목사 안수를 받았고
곧바로
사역하시던 교회
부목사가 됐어요.
아…
비록 원하는
자리는 아니었지만
엄마는 기관 목사로
계시면서도 최선을
다하셨대요.
그렇게 정신없이
몇 년이 흘렀고,
오랜만에
다시 만난
심 목사님은
많이
변한 모습
이었다고…
……

......
요즘 많이 힘들어?
으음... 괜찮아요.
저번 달에 교회 행사가 많아서 정신이 좀 없었어.
그랬구나...
담임 목사님은 여전하시지?
그렇죠 뭐...
하...
우리 목사 안수 받은 게 엊그제 같은데 벌써 담임 목사님 은퇴하실 때가 됐으니 시간 참 빠르다.

......
하...
심 목사...
지금이야 정신이 없어서 왕래도 잘 못 하지만
우리가 어디 한두 해 보낸 사이야? 교회 행사 때문 아니지?
뭔데 그래...
......
정희 누나...

왜...
나
죽고 싶다?
그날 심 목사님께
들은 이야기는 임마에게
너무 큰 충격이었다고
해요.
그대로만 가면
교회에서 개척도
시켜줄 테고,
......
심 목사님은 설교를
잘하는 것은 물론,
재치 있고 능력 있는 목사로
내외적인 평판이
꽤 좋았대요.
자신이 원하는
교회를 만들어가는
데는 전혀 문제가
없었죠.

수경 씨 어머니가
그토록 원했던...
금오고속
맞아요.
심 목사님은
엄마가 원한 건
다 가진 셈이죠.
그런데...
그러던 중에
어떤 교회에서
심 목사님을
자기네 교회로
모시고 싶다고
했대요...
뭐?
거기
이단이잖아...

끄덕
하, 웃긴다.
우리 심 목사가 얼마나 유능하면 이단들도 눈독을 들일까?
샘나게 시리...
음?
나 몇 년만 갔다가 돌아오면 안 될까...?

뭐?
돈 많이
준다네.
딸애가...
많이 아파.
희귀병이래.

……
우리 솔이 병원비만 일주일에 거의 100만 원이야.
내 월급으로는 턱도 없어.
애는 살리고 봐야 할 거 아냐…
잠깐만…
꽈악
덜
덜
진짜 잠깐만 갔다가 돌아오면 안 되는 걸까?
덜
덜

그게 몇 년 만에 본 사람한테 할 소리야?
어떤 얘기든 잘 들어주잖아...
누나는...
미안해...
누나라고 하지마.

나도 목사야
이 새끼야.
심 목사님은
엄마에게 조언을
구하려는 게
아니었어요.
그냥 죄책감을
해소할 누군가가
필요했을 뿐이죠.
그래서...
어떻게
됐어요?
뭐... 결국
딸의 병간호를
사유로 사역하던
교회에서 나갔죠.
그리곤...

아...
가신
거군요...
네...
그 이후로
엄마가 달라지기
시작했대요.
끄덕
항상 밝고
유머러스한
사람이었는데
말수도 적어지고
항상 우울해 보였대요.
제가 고등학교 때
엄마에게 느꼈던 대로...
그런 표현을
하셨어요.
속이 텅 빈
사람 같아
보였다고...
......

잘못된 길로 빠지는 동료를 내버려 둔 것에 대한 죄책감일까요?
나도 처음엔 그렇게 생각했어. 그리고
시간이 해결해주리라 생각했는데...
!
정희는 나아지질 않더라.
그러다 뜬금없이 내게 그러더라...
......

뭐라고?
언니는 목사로
사는 삶이
행복하냐고.
틱
틱
나야 전도사로 오래
있다가 늦게 목사가
되기도 했고, 처음부터
기관 목사가 되고
싶었으니까...
뭐 딱히
불행하다고는...
근데 뜬금없이
왜?
호록
음...
나는 말야,
내가 누군지도
잘 모르겠어.

뭐?
심 목사는...
왜 나한테 그런 이야기를 했을까?
몇 날 며칠을 그것만 생각했어.
생각이 마치 유리 파편 같더라.
깨져버리면 완벽하게 끼워 맞출 수 없듯이 말야.
......

그래도
한 가지만큼은
확실해졌어.
내
무기력의
원인이
심 목사를
방관했다는 죄책감
때문이 아니라는
거.
밤낮으로
욕지기가 났던
이유는 다름이
아니라
심 목사가
빈 종이컵처럼
쉽게 구겨서
버렸던
부목사라는
자리...

그 자리가 탐났을 뿐이라는 거...
한때는 목사라는 사실만으로도
만족했는데...
분명 그랬는데.
심 목사가 아무렇지도 않게 떠나는 걸 보고는
마음이...
내 마음이...

타들어 가더라.
슥
너무너무
약이 오르더라고.
독이 바짝 올라
부들부들 떠는
한 마리 짐승처럼.
끄덕
끄덕
그랬구나…
이래도 내가
목사야?
언니…

나 매일 아침
출근길에 항상
멈추는 곳이 있다?
그냥 갈림길인데
왼쪽은 복지관으로
가는 길이고
오른쪽은
터미널로 가는
길이야.
......
매일 그 갈림길에서
오른쪽으로 가는 나를
상상해.
이래도
진짜 내가
목사야?
목사라면
이래선
안 되잖아...

근데 진짜
웃긴 건 뭔지
알아?
그 갈림길에서
고민하는
순간만큼은
......
내
마음이...
편해.
난 정말 내가
누군지 모르겠어.
...라고
다시 한번
마음을 누르듯
말하더라.

수경아.
이게 네 엄마의 무게란다.
누구도 대신 질 수 없는
마음의 무게.
그래도 내가 엄마한테 더 관심을 가졌더라면...
......
그랬다면 엄마도 마음의 짐을 조금이라도 제게 덜어놓지 않았을까요?

그러면...
엄마를 만나서
어떤 이야기를
할 거예요?
엄마 탓이
아니지 않냐고
위로할 건가요?
글쎄요...
솔직히
잘 모르겠어요.
그냥 혼자는
용기가 나질
않았던 것도
있고...
......
수경 씨
그럼 우리
이렇게 해요.
?
나한테
생각이 있어요.

산책자
......
산책자

엄마가
그러겠다고
할까요?
그,
그렇게 될
거예요...
그렇게만 된다면
더할 나위 없이
좋긴 한데...
저한테 맡겨
보시라니까요.
척-
예에...
응?
뭐여?
조심히
가세요-
꾸벅-
생각보다
빨리 왔네?
허어-
슥-
슥-

뭐라고!?
거기까지
갔다가 그냥
돌아와?
수경 양
이미니도 인
뵙고?
네...
도대체
왜?
그럼
뭐하러
간겨...
저...
누가 아저씨...
헤
헤
응?
헤
헤
아저씨가
도와줘야 할
일이 생겼어요.
내, 내가?

책방...
교회요?
네.
주중에는
책방으로
운영하고
주일에는 교회로
바뀌는 거예요.
그리고 이 책방 교회에
수경 씨 어머니를
목사님으로 모시는 거죠.
아...

생각
많이 했어요.
수경 씨에게
처음으로
어머니 이야기를
들었을 때부터 쭉.
……
어떻게든 도움이
되고 싶었거든요.
그래서 희미하게
나마 책방 교회를
떠올렸는데
오늘 수경 씨
이야기를
듣고 나니까

더 확실해
졌어요.
......
그랬구나...
어때요?
내 생각?
솔직히...
너무
좋아요.
책으로
둘러싸인
교회라니...
그런데...
울 엄마가
덥석
그러겠다고
할까요?

아...
그, 그건...
저한테 다 생각이 있어요...
네?
정말요?
그러려면 일단 책방으로 다시 돌아가야 하는데...
헤헤
그래서...
그 생각이란 게...
없죠!
!
헤헤
이제부터 아저씨랑 제가 생각해내야죠.

Chapter

# 07

# 여인들의 목소리

책방
새책 헌책
책 주문
가능

......
책방
새책/헌책
책 주문
가능
책방...
교회라니...
이거 정말 자네
머리에서 나온
생각 맞나?
왜, 왜요...
별로예요?
사랑의 힘은 실로
대단하구만...
무념무상인 줄
알았는데 생각을
하긴 하네...
허허
슥-

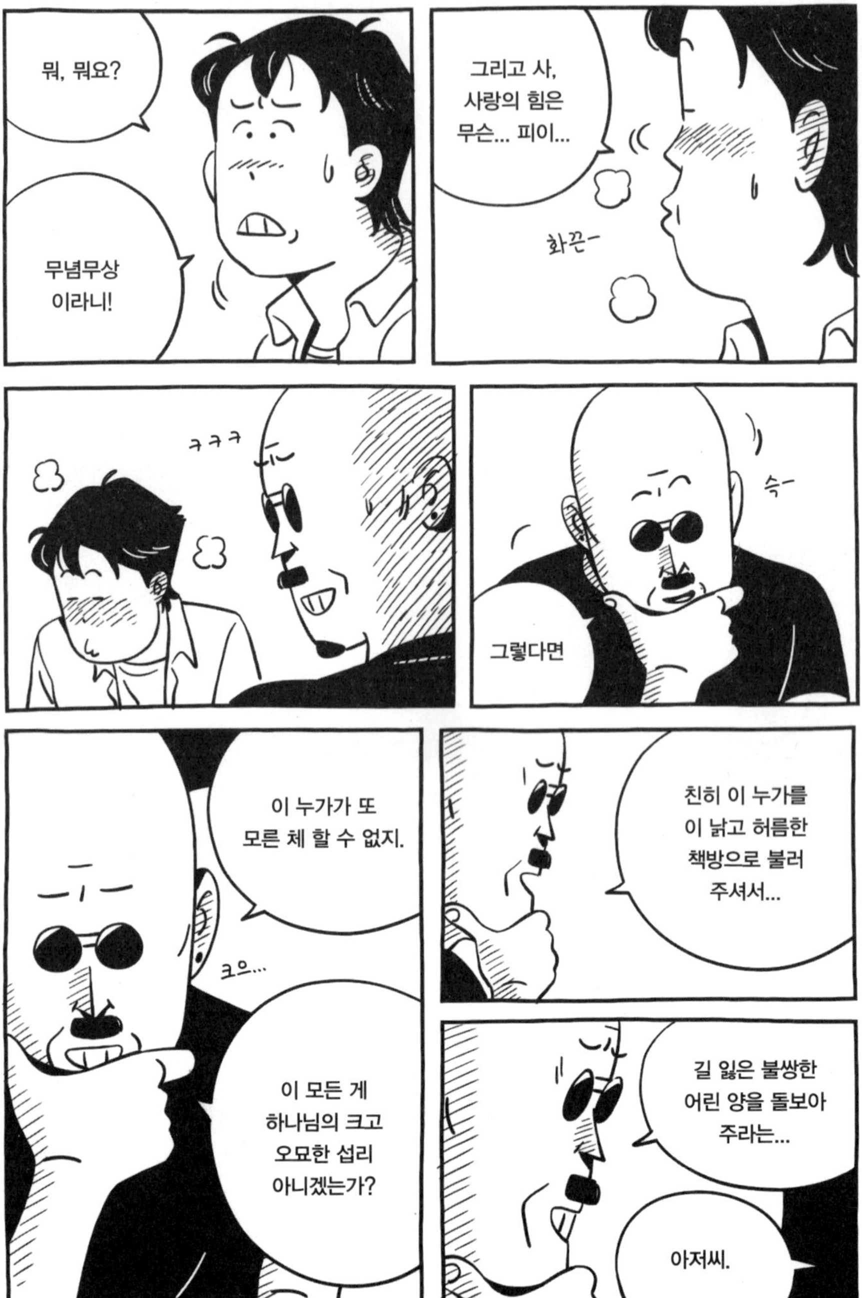
뭐, 뭐요?
무념무상
이라니!
그리고 사,
사랑의 힘은
무슨... 피이...
화끈-
ㅋㅋㅋ
슥-
그렇다면
이 누가가 또
모른 체 할 수 없지.
크으...
이 모든 게
하나님의 크고
오묘한 섭리
아니겠는가?
친히 이 누가를
이 낡고 허름한
책방으로 불러
주셔서...
길 잃은 불쌍한
어린 양을 돌보아
주라는...
아저씨.

방값은
하셔야죠.
누가 길을 잃은 건지…
휘청-
근데
솔직히…
수경 씨 어머니를
어떻게 설득할지는
전혀 감이
안 와요…
흐음…
자네 생각엔
지금 수경 양
어머니의 마음이
어떨 것 같나?
음…
제가
수경 씨한테
듣기로는

어머니 마음은 이미 다 무너진 것 같아요.
자신이 바랐던 꿈, 그리고 그 꿈을 좇는 자신 사이에서
여성 목사로서는 메꿀 수 없는 큰 간극을 발견한 거죠.
그러니까…
목사로서의 정체성.
그게 가장 큰 마음의 짐인 것 같아요.
흠…
그렇다면 역시…
누가복음 이지.

네에?
수경 양
어머니의
마음을 풀
열쇠가
누가복음
이라고.
아저씨
혹시...
아는 게
누가복음밖에
없어서 그러는
건 아니죠?
하아...
지금 수경 양
어머니의 마음을
움직일 수 있는
건,
다름 아닌
복음서,
그중에서도
누가복음에
기록된
'여인들의 목소리'
일 게야.

여인들의 목소리...?
그래.
나는 가장 먼저 이 여인이 떠오르는군.
예수님의 발에 향유를 부은 여인.
아,
예수의 뒤로 그 발 곁에 서서 울며 눈물로 그 발을 적시고 자기 머리털로 닦고 그 발에 입맞추고 향유를 부으니
눅 7:38
자신의 죄 사함을 위해
값비싼 향유를 가지고 눈물로 회개했던 그 여인 말이죠?

하긴 아저씨가 했던 말을 되짚어 보면
어... 음...
당시에는 그런 행위 자체가 말이 안 될 것 같아요.
여자가 사람들 틈에서 남성의 발을 닦아주다니...
그럼에도 불구하고 그 여인은...
잠깐.
?
당시 여성이 해선 안 되는 행위를 한 건 맞네.
그런데 자네는 이 사건의 핵심을 전혀 파악하지 못하고 있어.
네...?

이 여인은
회개하려고 예수님을
찾은 게 아니라
감사의 마음을
전하기 위해
찾아온 거야.
감사요...?
당시 예수님은 죄인과
더불어 먹는 사람이라고
불리고 있었지.
바리새인과 서기관들이 수군거려 이르되 "이 사람이 죄인을 영접하고 음식을 같이 먹는다" 하더라.
눅 15:2
오늘의 주인공인
여인 역시 '죄인'
이었지만,
이미 예수님의
복음을 듣고
회개하여
!
죄 인
다시 예수님을 만나
감사의 마음을 표현할
길을 찾고 있었던
거야.
그러다 마침
바리새인 시몬의
집에 예수님이
오신다는 소식을
듣게 된 거지.

하지만 여자는 감사도 드리기 전에
바리새인 시몬에게 단단히 화가 났다네.
네? 왜요?
바로 이 부분 때문이지.
한 바리새인이 예수께 자기와 함께 잡수시기를 청하니 이에 바리새인의 집에 들어가 앉으셨을 때
눅 7:36
음...?
바리새인이 청했고... 예수님은 응하셨다...
이 부분이 왜요?
현대인들은 이해가 가지 않겠지만
당시로서는 매우 중요한 절차가 하나 빠졌는데
바로 환영 의례라네.

환영
의례요...?
그러니까...
"친구야 오랜만이다.
반가워." 뭐
이런 환영?
......
ㅋㅋ
지금이야
그런 절차가
필요 없지만
당시에는 환영
의례가 빠진 초대는
손님에게 아주
모욕적이기 짝이 없는
일이었다네.[1]
환영 의례라는 게
정확히 뭔데요?
먼저,
손님이 집에 들어오면
초대하는 사람이 환영의
입맞춤을 하고,
오랜만이네
어서 오게나

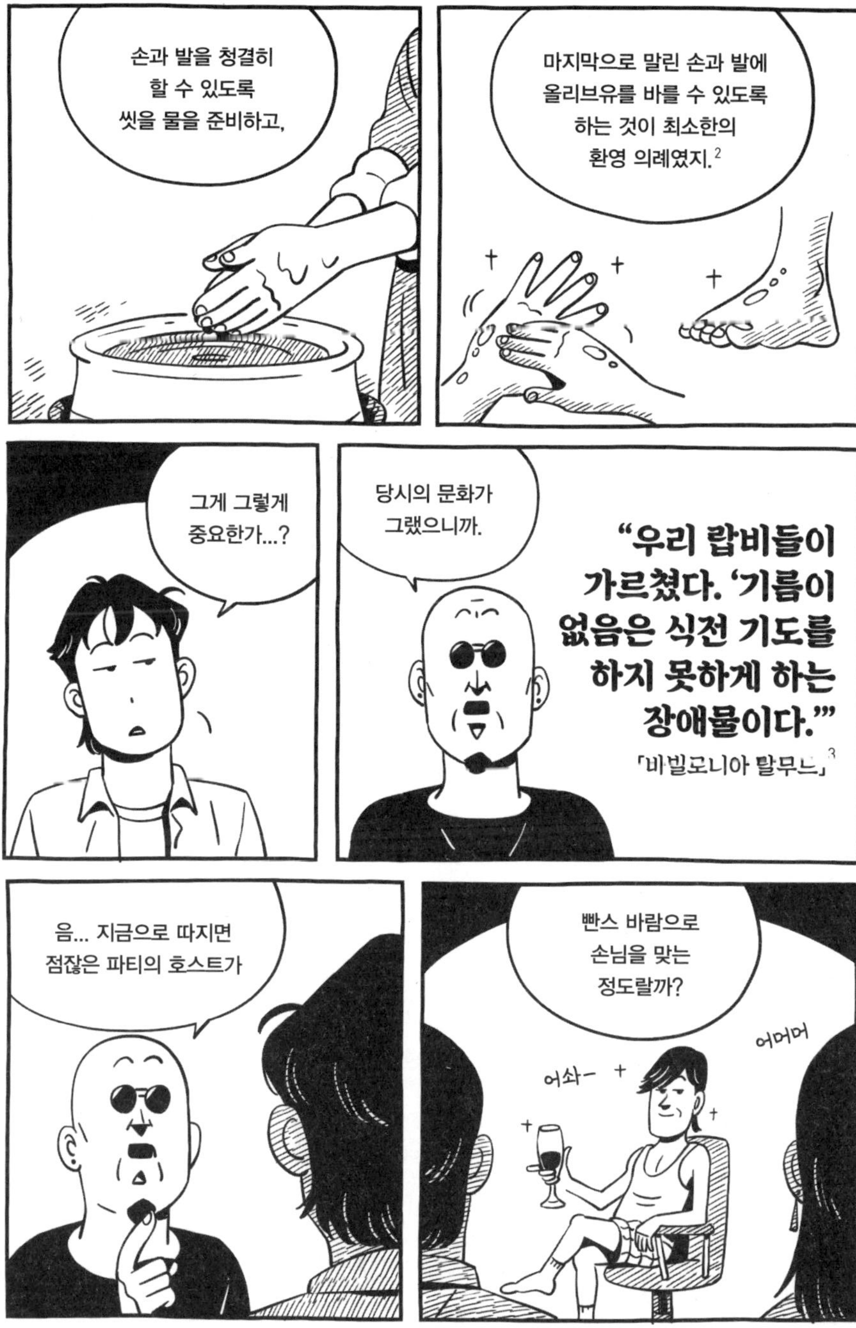
손과 발을 청결히
할 수 있도록
씻을 물을 준비하고,
마지막으로 말린 손과 발에
올리브유를 바를 수 있도록
하는 것이 최소한의
환영 의례였지.[2]
그게 그렇게
중요한가...?
당시의 문화가
그랬으니까.
"우리 랍비들이
가르쳤다. '기름이
없음은 식전 기도를
하지 못하게 하는
장애물이다.'"
「바빌로니아 탈무드」[3]
음... 지금으로 따지면
점잖은 파티의 호스트가
빤스 바람으로
손님을 맞는
정도랄까?
어솨~
어머머

흠...
쿨럭
ㅋㅋㅋ
어쨌든 이런 환영 행사 뒤에야 비로소 음식을 낼 수 있었지만
바리새인 시몬은 이 모든 절차를 의도적으로 생략했어.
의도적으로요?
그렇다네.
바리새인 시몬은
예수님을 랍비(선생님)라고 부르며 자신의 집으로 초청했지.
랍비여!

당시는 랍비와 식사를 하는 것만으로도 큰 영광으로 생각했기 때문에
예법에 맞는 환영 의례는 물론이요, 좋은 음식도 준비해야 했지.[4]
아…
그런데 예수님께는
그 기본적인 환영도 하지 않은 거로군요.
그렇지.
사실 시몬이 예수님을 자신의 집에 초대한 진짜 이유는
다른 게 아니라 예수가 정말 메시아인지 아닌지
검증해 보려는 것 뿐이었다네.
아!

여인이 화가 난 이유가 그것 때문이었군요.
자신의 구원자 예수님이 사람들 앞에서 망신을 당했기 때문에...
그렇다네.
하지만 이 여인은 감정적으로 대응하지 않고,
오히려 이 상황을 역전시킬 기막힌 묘안을 떠올렸다네.
기막힌 묘안이요...?
바로 자신이 직접 예수님께 환영 의례를 하기 시작한 거야.

아...
향유를 부은 일 말이군요...
맞아. 향유뿐만 아니라
여자는 자신이 대신할 수 있는 모든 일을 했다네.
예수의 뒤로 그 발 곁에 서서 울며 눈물로 그 발을 적시고 자기 머리털로 닦고 그 발에 입맞추고 향유를 부으니
눅 7:38
시몬은 예수님을 단지 시험할 목적으로 초대했기 때문에
흠...
씻을 물은 물론, 닦을 수건도 준비하지 않았지.
이 광경을 본 여인은
......

성큼
성큼
분한 마음으로
무릎을 꿇고
털썩
예수님의
발을 보면서
울기
시작했네.
툭
툭
아...
눈물로
씻을 물을
대신했군요...
맞아.
그리고 머리를
가린 두건을
벗어버리고

머리카락으로
예수님의 발을
닦은 뒤
입을 맞추고
향유까지
부은 거지.
헐...
그 자리에 있던
모든 사람이
놀랐겠는데요?
특히 바리새인
시몬은 더...
멘붕이었겠지.
자신의 계획을
여자 하나 때문에
망치게 됐으니.
대박...
게다가 자네가
말했듯 당시 여성이
사람들 앞에서
머리카락을 보이고
남자의 발에
입을 맞춘 것은
상상도 할 수 없는
부정한 행동이었지.

당시엔 머리를 가리지 않고 나가는 것이 곧 외간 남자와 목욕하는 것과 같다고 생각 했을 정도니까.5
허얼...
그렇다면 여자의 행동이 다른 이들 에게도 충격 이었겠지만
당사자에겐 엄청난 위험부담이 되었겠네요...
물론이네. 하지만...
그런 상황에도 불구하고 여자는 남들의 시선을 의식하지 않았지.
그저 구원자이신 예수님이 받고 있는 고통에 동참하려는 마음,

그 마음
하나뿐이었네.
"(여인은) 하나님이
그리스도 안에서 나타내신
메시아의 고난에
빨려 들어갔다."
-본회퍼[6]
와...
환영을
넘어선
완벽한
영접이네요.
그런데
그런 상황
이라면
아무리 예수님
이라도 여인의
행동을 말리지
않으셨을까요?
여인이 주인도
아닌 데다가 다들
그 둘만 쳐다보고
있었을 텐데...
허허-
일반적인
사람이라면
그러고도 남을
일이지.
여인의
돌발행동으로
그 집에 있던
모든 사람은
물론,

집주인 시몬도 많이 놀랐지만, 그는 오히려 여자를 막지 않고
예수님의 반응을 지켜보았지.
예수를 청한 바리새인이 그것을 보고 마음에 이르되 "이 사람이 만일 선지자라면 자기를 만지는 이 여자가 누구며 어떠한 자 곧 죄인인 줄을 알았으리라" 하거늘
눅 7:39
하지만 예수님은 판단은 커녕, 여인의 행동을 하나하나 짚어가며 칭찬하셨지.
그리고 그와 더불어[7]
의미심장한 비유를 하시면서 그 자리에 있던 바리새인들과 모든 남성들에게
이 여인의 죄가 이미 용서 받았음을 확증 하셨다네.[8]

어떤
비유요…?
빚을 탕감
받은 자들의
비유라네.[9]
자신의 빚,
곧 죄를 값없이
탕감해주신
예수님께
감사하고자 하는
그 마음,
자신이 많이
용서받은 만큼, 더 많이
사랑하려는 작은 자의
마음이
예수님께 그대로
전달된 게야.
아…
게다가 그 주인공이
당시 주류였던
남성이 아닌
여성이라니…

신기하지?
태양이 모든 것을
공평하게 비추듯
예수님의 은혜
역시 남녀를
구별하지
않는다네.
아...
그런데
자네도 이쯤이면
이런 궁금증이
생기지 않나?
예수님의 복음을
듣고 그의 제자가
된 사람들이
남성만이 아니라
여성들도 있었다면
남성을 가르친
여성들도 있지 않을까
라는...

음...
당시 문화를 생각하면...
공식적으로는 힘들어도 비공식적으로는 있지 않았을까요?
맞아.
그렇게 생각하는 게 자연스럽지.
자네 말대로 여성 교사들은 초기 교회에도 확실히 있었다네.
끄덕
공식적으로 말이야.[10]
헐... 정말요?
그럼.

브리스길라는 아볼로에게 하나님의 도를 가르쳤고,[11]
고린도에서는 여성들이 공공연히 기도와 예언을 했으며,[12]
그래데 교회에서는 늙은 여성이 젊은 여성들을 가르쳤지.[13]
와...
이런 이야기들은 정말 처음 들어요.
뭔들 들어봤을라고...
소근
소근
ㅋㅋㅋ
저, 저기요?

하지만 자네가 말한 바와 같이 여성들의 이러한 공공연한 가르침 들을
문제로 삼았던 몇몇 전통주의자들은
여성의 가르침을 남성의 가르침과 구분하기 시작했네.
어떤 식으로요...?
공적인 가르침과 사적인 가르침,
형식에 맞는 가르침과 그렇지 못한 가르침,
권위적인 가르침과 비권위적인 가르침 등으로 말일세.[14]
아... 여성의 가르침을 후자로 치부했군요.
맞아.

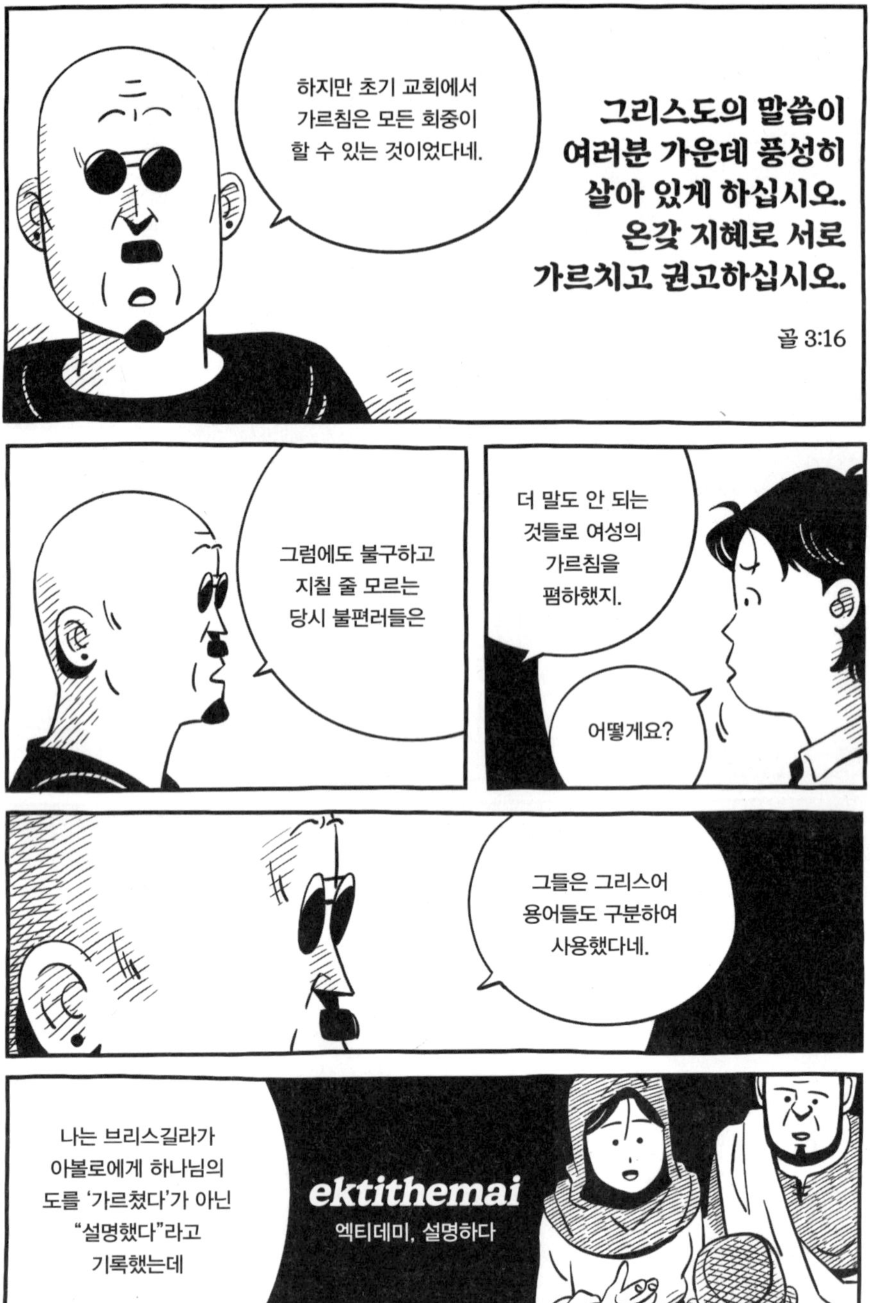
하지만 초기 교회에서
가르침은 모든 회중이
할 수 있는 것이었다네.
그리스도의 말씀이
여러분 가운데 풍성히
살아 있게 하십시오.
온갖 지혜로 서로
가르치고 권고하십시오.
골 3:16
그럼에도 불구하고
지칠 줄 모르는
당시 불편러들은
더 말도 안 되는
것들로 여성의
가르침을
폄하했지.
어떻게요?
그들은 그리스어
용어들도 구분하여
사용했다네.
나는 브리스길라가
아볼로에게 하나님의
도를 '가르쳤다'가 아닌
"설명했다"라고
기록했는데
ektithemai
엑티데미, 설명하다

전통주의자들은 가르침에 대한 여러 그리스어 중에서
katēcheō
카테케오, 알리다, 정보를 주다
ektithemai
엑티데미, 설명하다
didaskō
디다스코, 가르치다
'디다스코'만이 권위적이고 공식적인 가르침을 의미한다고 주장했지.15
katēcheō
ektithemai
didaskō
하지만 나는 사도행전에서도 바울의 설교에 대해서
'디다스코'가 아닌, '엑티데미'를 사용 했는걸.16
또 1906년 터키 에베소에서는 한 고고학자가
사도 바울과 테클라라는 한 여성이 등장하는
역사적으로 아주 중요한 그림 한 점을 발견했다네.17
ΠΑΥ ΛΟΙ
ΘΕ

응?
근데 둘 다 비슷한 손 모양을 하고 있네요?
오호, 관찰력 좋은데?
그건 수인이라고 불리는 건데
손가락 두 개는 예수님의 인성과 신성을 상징하는 거라네.[18]
어... 근데...
뒤에 여성은 손가락이 잘 안 보이네요?
오래된 그림이라 그런가...?
이건 단지 오래돼서 그런 게 아니라네.
일부러 훼손한 게지.

네...?
일부러요?
그래.
이 그림이
역사적으로
중요하다고
평가받는 이유는
바울과 테클라의
크기 때문이라네.
당시의 그림들은
중요하거나 강조하고
싶은 인물을 크게
그렸는데
이 그림을 보면
바울과 테클라의
크기가 같지.
아...
그렇다는 건
이 테클라라는
여성이 사도 바울과
동등할 정도의
존경을 받고
있었다는 거네요?

그렇게
볼 수 있지.
뿐만 아니라,
사람들은
이 그림을 보고
당시의 일부
여성들이
남성과 동등하게
예수님의 가르침을 전했다는
역사적 사실도 알 수
있었지.
그런데 존중받아
마땅할 테클라의
눈과,
예수님의 인성과
신성을 상징하고
있는 수인을 일부러
훼손했다는 건...
그 사실을
인정하지
않겠다는
거겠죠...
맞아.
여성이 남성인
사도 바울과
동등하다는 것을
강력하게
부인하는 거지.

하…
아무리 그래도
이렇게 중요한
그림을 훼손
하면서까지
예수님이 드러내고
자랑하셨던 여성들의
목소리를
오히려 숨기고
부정하다니…
……
무지했던
거야.
당시의 문화와
전통이라는 촌충이
사람들의 뱃속에서
예수님의 말씀을
갉아먹고 있었으니…

하지만
이런 무지들은 결국 드러나게 돼 있어.
사람들이 인정하지 않고 감추고 싶었던 여성들의 목소리는
지금도 역사 속에서,
그리고 성경 속에서 고스란히 울려 퍼지고 있으니까.
성경
불과 몇 주 전만 해도 제게 교회란,
……
팟캐스트 이상도 이하도 아니었습니다.

정도의 차이지
지금 교회는 예수님 당시와 별로 다를 게 없어 보여요.
여전히 우리는 예수님의 말씀보다
익숙해진 교회의 전통과 문화에 얽매어 있을 뿐이잖아요.
푹-
......
딱히 교회에 실망을 한 것도 아니지만 제 눈에 교회란 그저 안과 밖을 나누는 고립된 장소이거나,
한때 유명했지만 지금은 찾는 이 없이 낡아만 가는 유원지 같았죠.
VIKING
매표소

그런데 교회의 문제를
알아가면 알아갈수록
교회가 아니라
나 스스로의 치부가
드러나는 것 같아요.
고립되고 낡아만 가는 건
교회가 아니라
나라는 한 개인이었습니다.
그걸 깨달았기 때문에
더 간절해지고,

더 단단해졌는지도 모르겠습니다.
끼이
이-
그러니까
무엇보다도
먼저,
내가 교회가
돼야 해요.

# 주

1. Kenneth E. Bailey, 『중동의 눈으로 본 예수』(새물결플러스 역간), 379.

2. 같은 책, 378.

3. 같은 글.

4. 같은 책, 379.

5. 같은 책, 387.

6. 같은 책, 401.

7. 눅 7:44–46.

8. 눅 7:48.

9. 눅 7:40–43.

10. Linda L. Belleville, 『여성 리더십 논쟁』(새물결플러스 역간), 75.

11. 행 18:26.

12. 고전 11:5.

13. Linda L. Belleville, 같은 글; 딛 2:3–5.

14. 같은 책, 76.

15. 같은 글.

16. 같은 책, 77.

17. 1906년 에베소에서 발굴된 500년경에 그려진 바울과 테클라의 벽화.

18. 김기석 목사, 영화 〈막달라 마리아〉 씨네토크 중.

Chapter

# 08

# 책방 교회

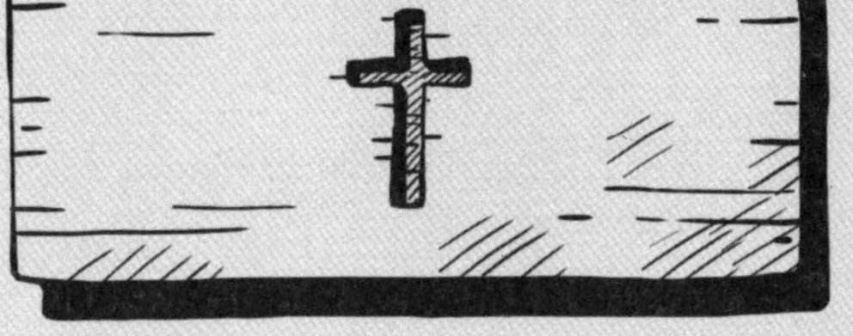

어?
수경 씨?
아, 네...
왜 다시
돌아왔어요?

아... 그게...
하하
집에 가다가 자연스럽게 발걸음이 다시 이쪽으로...
말하고 싶은 것도 좀 있고...
음?
근데 아저씨는 늦게까지 여기서 뭐하세요?
아.
사실 내가 이 책방의 관리인 이자, 직원이자, 매니저 겸...
척-
숙박인 이거든요.
여, 여기서요...?
물론이지.
그, 그게...
조금 복잡한 사정이...

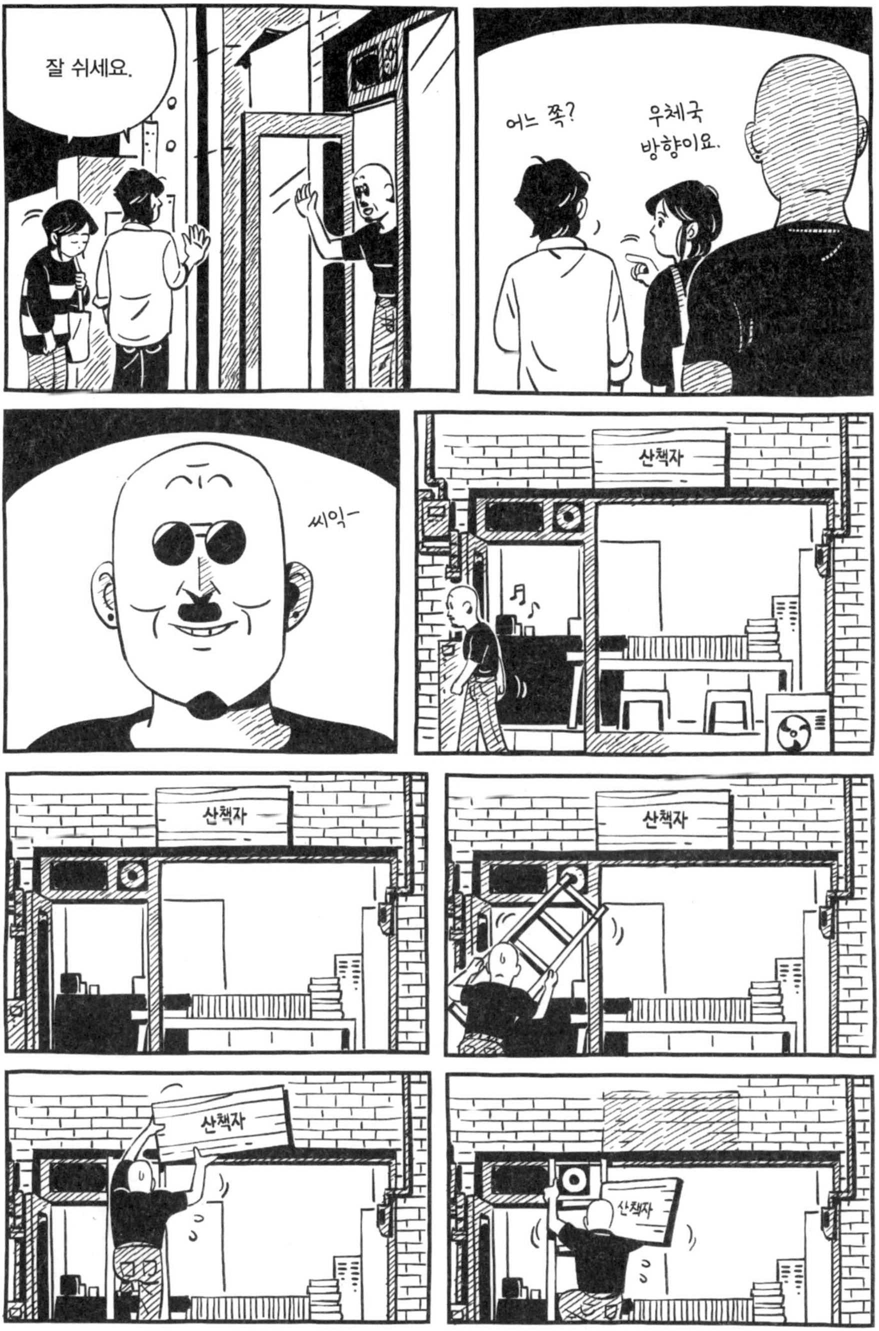
잘 쉬세요.
어느 쪽?
우체국 방향이요.
씨익-
산책자
산책자
산책자
산책자
산책자

돌아가는 길에 수경 씨와 이런저런 이야기를 나눴습니다.
특히 누가복음 속 여성들의 이야기를 듣고는
펵 놀라는 눈치였습니다.
물론 누가 아저씨한테 들었다는 말은 안 했습니다.
여기 12단지가 저희 집이에요.
아...
책방에서 별로 안 머네요?
그쵸?

사실 아까
사인 씨랑 헤어지고
집 앞까지
왔다가
생각이 많아져서
동네를 계속
돌았거든요.
어떤...
생각요?
그냥...
교회에 대한
원망.
슥
슥
......
교회가 울
엄마 목사 대접
안 해줬잖아.

목사라는 직함만 주면 뭐하나...
엄마가 상심한 건 다 교회 탓이다...
뭐 이런 하나 마나 한 생각들요.
그랬군요...
근데 생각하면 생각할수록 짜증 나는 건
나는 딸이면서 교회 탓만 하고 앉아 있다는 거...
마치 나는 관계없다는 듯...
나는 엄마한테 잘해왔다는 듯...

교회에 대한 비판이 결국 나를 더 부끄럽게 만들더라고요...
......
아까 책방에서 사인 씨가 그랬죠.
내가 교회가 돼야 한다고.
아마 엄마도 같은 마음일 거예요.
만약 자신이 갈 교회가 없다면
당신이 직접 교회가 되리라고.

그리고 스스로
교회가 되겠다고
모인 사람들과
함께라면,
게다가
그들이 모인 곳이
동네 작은
책방이라면,
그 누가
거절할 수
있겠어요?
......

와...
319 · 8
그 누가
거절할 수
있겠어요.
산책자
산책자

대
환
영
네?
……
미안하지만

거절한다고요.
그리고 국세청이요?
이렇게 평범한 편지 봉투에 손글씨로 국세청?
보내는 사람 「국세청」
장난하는 건가요?
나 원 참…
쯧
쯧
으득…
으즈씨 아이디어 잖아요…

혹시나 내가
읽지 않을까 봐
이렇게 보낸 거죠?
아... 네...
불편하셨다면
정말 죄송해요...
풉—
?
푸하하하핫—
큭
큭
진짜
미치겠다...
생각했던
것보다 더
귀엽네요.
네...?

엄마
쫌...
후우...
흠 흠
미안해요.
솔직히 이
편지를 받고
정말
오랜만에 크게
웃어봤거든요.
나를 목사로 초청해
준 게 즐거워서가
아니라
그냥 편지 내용이
너무 좋고
귀여웠어요.
아아...
특히 누가복음에
기록된 여성들에
대한 이야기들은
솔직히 저도
처음 들어보는
내용이어서 너무
인상적이었어요.

근데 제가 이 책방 교회에 반드시 필요한
"위대한 여성 목사"라는 부분은...
풉—
큭 큭 큭
정말 너무 웃겼어요...
제, 제가 그런 말을 썼던가요...
하 하
그러면 혹시...
제 제안도...
아...
그 거절은 진짜예요.
아...
하지만 정말 고맙다는 말을 직접 전하고 싶었어요.

나한테
이런 제안을
해줘서요.
책방 교회
목사라니...
생각만 해도 너무
좋은걸요. 진짜로.
......
하지만
전...
이미
알다시피
한 번 실패한
목사잖아요.

목사로서의 내 정체성 때문에 가족도 버리고 도망쳤는걸요.
그, 그건...
딱 삼 개월만 사라지자.
제가 출근하던 날 아침 고속버스 터미널로 발걸음을 돌리면서 했던 생각이에요.
계획 같은 건 애초에 없었고, 할 수조차 없었지요.
그러면 어디서 지내셨어요?

그냥 뭐...
지도에서도 어중간한 어느 지방 소도시에 방 하나를 얻어서 지냈어요.
아...
진짜 무계획이죠?
하 하
그런데 신기했던 건
그렇게 도망치는 상황에서도 어찌나 허기가 지던지
터미널에서 삶은 계란에다 평소에는 잘 먹지도 않는 삼각김밥이랑 음료수까지 잔뜩 사서는
내려가는 버스 안에서 게걸스럽게 먹어치웠어요.
우물 우물
누가 봤다면 이상한 사람인 줄 알았을 거야...
......
그리고
딸애 앞에서 할 소리는 아니지만
?

도망친다는 게
생각보다 기분
좋더라고요.
어중간한
지방 소도시에
어중간한
단칸방
그리고 누구도
알아보지
못하고
반기는 이 없는
어중간한
나라는 게.
하지만 그것도
며칠뿐이었어요.

그 이후로는
어중간하다는 게
좋기는커녕
모든 게 정지된
세상에서
나 혼자 의미
없이 부유하는
느낌이었어요.
그래서
성경을
한 권
샀어요.
사실 성경도
보지 않으리라
마음먹었지만
뭐든 하지
않으면 미칠 것
같더라고요.
그래서
생각한 것이
교회를 비판
할 만한
성경적 근거를
찾아서
그 부조리 앞에
당당히 맞서야
겠다고 생각한
거예요.

아…
웃기죠?
그리고 성경을 통해 예수님의 말씀을 들여다보면서
역시 교회가 잘못됐다는 사실을 확인 했어요.
내 잘못이 아니라 교회가 잘못 가르쳤고,
교회가 그릇 행동했다는 수많은 구절을 발견했으니까요.
아, 그래도
사인 씨가 말했던 여성들의 이야기는 처음 들어봤으니
그 외에도 얼마나 많은 남녀평등에 관한 구절들이 더 있겠어요.
맞아요…
끄덕

그래요.
예수님은
결코
여성을 남성보다
못한 존재로 대하지
않으셨어요.
그분에게
여성이란
남성과
동등한,
틀림없는
한 개인이었어요.
아...
하지만
동시에
그 사실만으로는
결코...
......

아무것도
바꿀 수
없다는 사실도
깨달았죠.
아무것도
바꿀 수 없다...?
응
사인 씨의
편지 말미에
이런 문장이
있더라.
끄덕
“우리는
교회와도
같습니다.”
나는 그 말이
이렇게 들렸어요.
?
“우리는
애굽으로부터
도망치고
있습니다”
라고.

......
출애굽?
맞아.
정확히
말하자면
새 출애굽.
이전에는 희미
했던 누가복음의
이 구절이
...
너희는 위로부터
능력으로 입혀
때까지 이
성경을 들여다보고
있는 사이에
너희는 위로부터
능력으로 입혀질
때까지 이 성에
머물라 하시니라
눅 24:49
선명해지더라.
......
예전에는 성령의
능력으로 '시작된 교회'
라는 단편적인 이미지
만을 떠올렸다면

이제는
애굽의 억압에서
'탈출한 교회'의
이미지가 추가된
거예요.
......
탈출한 교회,
그러니까 출애굽은
누가복음을
관통하는 하나의
메타포였어요.
다른 복음서들과
비교해서
더 집요하게
기록된 예수님의
예루살렘을 향한
여정이라든지,[1]
갈릴리
예루살렘

다윗과 모세의
모델로서의 예수님,2
그리고 변화산에서
일어난 모세와 엘리야의
대화를 보면 확실히
알 수 있죠.3
누가는 그분들의
대화 주제를
척ㅡ
'예루살렘
에서의 출애굽'
이라고
대놓고
묘사했죠.
아... 네...
휙ㅡ
잘 알고
계시네요.
그리스어로 보면
확실하더군요.4
장차 예수께서
예루살렘에서
별세하실 것을
말할새
Exodus
탈출, 이탈

후후…
제가 바로 그…
그, 그래서요?
휙—
계속 이야기해 주세요.
누ㄱ…
아… 네에…
휙—
흠…
급즈기 분위기 싸하게 만들그예여…?
그러니까 결국
누가복음의 핵심 메시지는
구약을 완전하게 성취하신 예수님이었어요.
그중에서도 특별히
이사야의 예언을요.
끄덕—

이사야서의 예언은 구름 기둥과 불기둥,
그리고 초막이라는 새 출애굽의 단서 들을 보여주면서
그 배경이 되는 곳이 시온산, 곧[5]
예루살렘임을 암시하죠.
그리고 그 예루살렘에서 이새의 뿌리에서 나신 예수님이 등장하셨고,[6]
예언에 따라 고난을 받고 돌아가심으로
하늘로 새 출애굽을 하신 거예요.[7]
아...
끄덕-
끄덕-
그리고 그 예언의 성취를 통해
슥-

하나님은
열방의 우상들을
무너뜨리시고
오직 자신만이
유일한 하나님이심을
입증하신 거죠.[8]
그리고
하나님의
말씀이
그
예루살렘으로
부터 시작되어
땅끝으로 퍼져
나가
여호와를 아는
지식이 온 세상에
충만해져야
하므로
우리에게 친히 성령을
보내주신 거고요.[9]
아...
그래서
예수님이
제자들에게
예루살렘에서
성령을 기다리라
하신 거구나...

그래 맞아.
끄덕
그 성령을 받은 자들이 곧 예수님을 따라
새 출애굽의 여정을 걷는 교회가 되고,
그 '탈출한 교회'의 성도들은 예언을 성취 하신 예수님의 모든 발자취를 기억하고 기념하는 거야.
그게 모든 것의 완성이자, 곧 새로운 시작이니까.
이런 이야기를 왜 하나 싶겠지만,
누가복음은 이 마음을 품은 개인이 바로 교회 라고 말하는 것 같았어요.
그걸 깨닫고 나서 사인 씨가 보내준 편지 속, 여성들의 목소리를 듣고 있는데

그 목소리에 이전에는 몰랐던
어떤 힘이 느껴졌어요.
권세 있는 자를 그 위에서 내리치셨으며 비천한 자를 높이셨고…[10]
그 종 이스라엘을 도우사 긍휼히 여기시고 기억하시되 우리 조상에게 말씀하신 것 같이 영원히 하시리로다.[11]
아…
마리아의 찬가.
끄덕
지금까지 저는 남자들이 세워놓은 마천루를 부러워하면서

그 옆에 그것과 똑같은 건축물을 세우기 위해서
정말 바득바득 노력했어요.
하지만 예수님의 어머니 마리아는 현실 너머에 있는 진리를 꿰뚫어 본 거예요.
그리스도를 통해 모든 골짜기가 메워지고,
모든 산들이 낮아지며, 굽은 것이 곧아지고
험한 길들은 평탄해지는...
바로,

새 하늘과
새 땅을요.

# 주

1. 눅 9:51, 53, 55, 57; 10:38; 13:22, 33; 17:11; 18:31, 35; 19:11, 28, 45.

2. 눅 1:32-33; 행 3:22-23; 7:37.

3. 눅 9:31

4. 같은 구절.

5. 사 4:2-6.

6. 사 11:10-12.

7. 사 53:1-12.

8. 사 41:21-29; 43:8-13.

9. 사 32:15-17.

10. 눅 1:52.

11. 눅 1:54-55.

# 에필로그

산책자
책방
척
탁. . 탁
책방
책방
새책/헌책
책 주문
가능
할 말은 많은데
어디서부터
해야 할지...
흠...

우선, 누가 아저씨는
한 달도 못 버티고
책방에서 나가야 했어요.
신세 많았습니다.
아저씨의 노모가 찾아와서는
반강제로 끌고 나갔거든요.
아,
아,
엄마!
귀귀귀...
집에 가자.
콩
콩
쫌 짠했지만...
쭉-
이, 이보게 이분은...
소곤 소곤
컨셉은 포기하지
않으셨죠.
잠시 날 보호해주시는 분일 뿐이네...
예...
쭈----글
오늘은...
책방
새책/헌책
책 주문
아... 수경 씨요?
책 좀 팔려라아...

음... 그게...
그러니까 그게 말이죠...
하... 팔리겠냐...
연락이 돼야 말이죠...
수경씨
사인 씨. 가족끼리 해결해야 하는 문제도 있고 해서 정리되면 책방으로 찾아갈게요. 고마워요 :)
문자 한 통으로 두 달 넘게 기별이 없는 걸 보면...
아마도 제가...
남자로는 별로였나 봐요.

이 기사
봤어요?
뉴스 / 경제 / 연예 / 스포츠
약 2000년 된 호메로스의
『오디세이아』 파피루스 사본
서울의 어느 직장인 손에...
비록 제 책방이
사람들이 모이는
건물로서의 교회는
될 수 없었지만,

......
뭐 어때요?
저는 이제 누군가를
동경하는 걸 멈추고
마리아
처럼요.
그저 한 마리의
새가 되리라
마음먹었어요.
그녀의 시선이
머무는 곳은
마천루가 아닌
휘넓은
하늘이었어요.
깎아지르는 건물들과
자신을 옭아매는 모든
것들로부터 탈출하여
자신이
원하고,
또 바라는

저 하늘을 자유롭게 비행하는
단 한 마리의 새.
우리가 교회인걸.
책방

# 누가복음 뒷조사

## 누가복음의 여성관이 한국교회에 던지는 질문



**1쇄 발행** 2018년 7월 7일
**6쇄 발행** 2021년 2월 14일

**지은이** 김영화
**펴낸이** 김요한
**펴낸곳** 새물결플러스

**편　집** 왕희광 정인철 노재현 한바울 정혜인
이형일 나유영 노동래 최호연
**디자인** 윤민주 황진주 박인미 이지윤
**마케팅** 박성민 이원혁
**총　무** 김명화 이성순
**영　상** 최정호 곽상원
**아카데미** 차상희

**홈페이지** www.holywaveplus.com
**이메일** hwpbooks@hwpbooks.com
**출판등록** 2008년 8월 21일 제2008-24호
**주　소** (우) 04118 서울특별시 마포구 마포대로19길 33
**전　화** 02) 2652-3161
**팩　스** 02) 2652-3191

**ISBN** 979-11-6129-067-6 07230

책값은 뒤표지에 있습니다.